Presentado a / Presented to

_____

por / by

_____

el / on

_____

the Jesus Storybook Bible

Every story whispers his name

Biblia
para niños
Historias
Cada historia susurra su nombre
de Jesús

DEDICATORIA / DEDICATION

Para Harry, Olivia, Emily, Eleanor y Jonathan
¡Porque el cuento de hadas en verdad se hace realidad!
SLJ

For Harry, Olivia, Emily, Eleanor and Jonathan
Because the Fairy Tale really does come true!
SLJ

Para Alex, mi encantadora esposa, sin cuya ayuda jamás
hubiera completado tan enorme libro.
Jago

For Alex, my lovely wife, without whose help I could
never have completed such an enormous book.
Jago

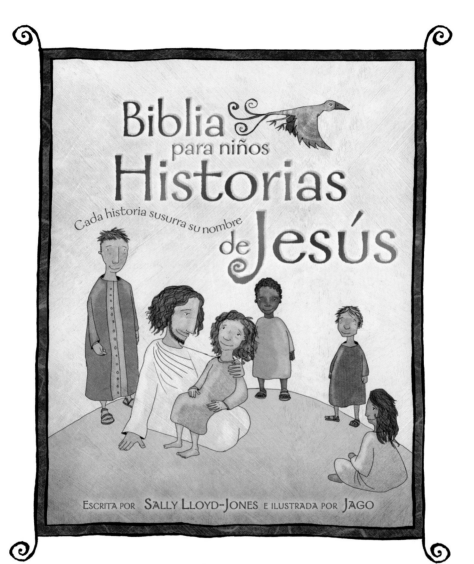

Biblia para niños

Historias

Cada historia susurra su nombre

de Jesús

ESCRITA POR **SALLY LLOYD-JONES** E ILUSTRADA POR **JAGO**

Editorial **Vida**

La misión de Editorial Vida es proporcionar los recursos necesarios a fin de alcanzar a las personas para Jesucristo y ayudarlas a crecer en su fe.

BIBLIA PARA NIÑOS HISTORIAS DE JESÚS (bilingüe)
THE JESUS STORYBOOK BIBLE (bilingual)
Edición en español publicada
por Editorial Vida -2008
Miami, Florida
© 2008 por ZonderKidz

Originally Published in the U.S.A. under the title:
The Jesus Storybook Bible
Copyright © 2007 by The Zondervan Corporation
Text copyright © 2007 by Sally Lloyd-Jones
Ilustration copyright ©2007 by Jago Silver
Published by permission of Zondervan, Grand Rapids, Michigan.

Traducción: *Dr. Miguel Mesías*
Diseño interior: *Eugenia Chinchilla*
Adaptación de cubierta: *Eugenia Chinchilla*

ISBN - 978-0-8297-5606-7

Categoría: Niños

Impreso en Singapur
Printed in Singapore

14 15 16 ✷ 8 7 6

Reconocimientos / Acknowledgements

«No es que yo te escogí,
Porque Señor, eso no podría ser;
Este corazón seguiría rechazándote,
Si tú no me hubieras escogido . . .

Mi corazón no tiene a nadie delante de ti,
Porque de tu gracia rica tengo sed;
Sabiendo esto, si te amo,
Tú debes haberme amado primero».

Josiah Conder, 1836

" 'Tis not that I did choose Thee,
For Lord, that could not be;
This heart would still refuse Thee,
Hadst Thou not chosen me ...

My heart owns none before Thee,
For Thy rich grace I thirst;
This knowing, if I love Thee,
Thou must have loved me first."

Josiah Conder, 1836

Tengo una enorme deuda de gratitud con aquellos sin los cuales no pudiera haber hecho este libro. Al Dr. Timothy Keller, cuya enseñanza informa cada relato y de quien he tomado prestado liberalmente: por su sabiduría; por darme un vocabulario de fe; por abrir mis ojos a la maravilla de la gracia. A mis padres que me contaron primero «la historia», cuando tenía cuatro años; y a Hanmer que lo representó en persona. A todos mis amigos de Zondervan: a la asombrosa Kris, y especialmente a mi editora, Catherine, que captó la visión y la mantuvo viva. A nuestro dedicado equipo externo: Julie y Linda. Al completamente brillante Jago; que privilegio trabajar contigo. (Soy tu fanática más grande). A los Keith, Browne, Paul por darme siempre un lugar abrigado para escribir. A Todd y a Laura, y a mi interminablemente paciente familia y amigos: ¡ustedes saben quiénes son!, que me hablaron con franqueza y oraron por mí. Y, por supuesto, todo a aquel que es mi vida: toda la alabanza es para él. —SLJ

I owe an enormous debt of gratitude to those without whom I could not have done this book. To Dr. Timothy Keller, whose teaching informs every story and from whom I have liberally borrowed: for his wisdom; for giving me a vocabulary of faith; for opening my eyes to the wonder of Grace. To my parents who first told me The Story, as a four year old — and to Hanmer who embodied it. To all my friends at Zondervan — the amazing Kris, and especially to my editor, Catherine, who caught the vision and kept it alive. To our dedicated outside team — Julie and Linda. To the utterly brilliant Jago — what a privilege to work with you. (I'm your biggest fan.) To the Keiths, the Brownes, Paul for always giving me a warm place to write. To Todd and Laura and my endlessly patient family and friends — you know who you are! — who talked me off ledges and prayed for me. And, of course, everything to the One who is my Life — all the praise goes to Him. —SLJ

Tabla de contenido / Table of Contents

Del Antiguo Testamento

From the Old Testament

Del Nuevo Testamento

From the New Testament

Citas / Quotations

«Jesús dijo: "Yo soy el principio y el fin"»

Apocalipsis 22:13 (paráfrasis)

«Entonces, comenzando por Moisés y por todos los profetas, les explicó lo que se refería a él en todas las Escrituras».

Lucas 24:27 (NVI)

«Jesús dijo: "Dios amó tanto a la gente del mundo que dio a su único Hijo. Para que cualquiera que cree en él tenga vida eterna y en realidad nunca muera. Él no envió a su Hijo al mundo para que castigue a las personas. Lo envió para que las rescate"».

Juan 3:16-17 (paráfrasis)

"Jesus said, 'I am the Beginning and the Ending.'"

Revelation 22:13 (paraphrase)

"Beginning with Moses and all the Prophets, Jesus explained to them what was said in all the Scriptures concerning himself."

Luke 24:27 (NIV)

"Jesus said, 'God loved the people of the world so much that he gave his only Son. So that anyone who believes in him will have eternal life and never really die. He did not send his Son into the world to punish people. He sent him to rescue them.'"

John 3:16 – 17 (paraphrase)

«Jesús dijo: "Yo soy la luz que ha venido al mundo. Nadie que cree en mí se queda escondido en la oscuridad"».

Juan 12:46 (paráfrasis).

"Jesus said, 'I am the light that has come into the world.
No one who believes in me will stay in the dark hiding anymore.' "

John 12:46 (paraphrase)

«El SEÑOR omnipotente enjugará las lágrimas de todo rostro».

Isaías 25:8

"The Sovereign Lord will wipe away all the tears from all the faces."

Isaiah 25:8

_____

_____

«Siempre he sentido la vida primero como un cuento: y si hay un cuento, hay quien lo cuente».

G. K. Chesterton

"I had always felt life first as a story: and if there is a story there is a story-teller."

G K Chesterton

La Historia y el canto

The Story and The Song

Introducción del Salmo 19 y Hebreos 1

Introduction from Psalm 19 and Hebrews 1

Los cielos cantan de
lo grande que es Dios; y los
cielos gritan: «¡Vean lo que Dios
ha hecho!». Día tras día . . .
noche tras noche . . .
nos hablan.

Salmo 19:1-2 (paráfrasis)

The Heavens are singing
about how great God is;
and the skies are shouting it out,
"See what God has made!"
Day after day... Night after night...
They are speaking to us.

Psalm 19:1-2 (paraphrase)

Dios escribió: «Te quiero»; lo escribió en el cielo, y en la tierra y debajo del mar. ¡Escribió su mensaje en todas partes! Debido a que Dios creó todo lo que hay en el mundo para que le refleje como un espejo; para mostrarnos lo que él es, para que nos ayude a conocerlo, para hacer que nuestros corazones canten.

La forma como el gato persigue su cola. La manera en que las amapolas crecen. La manera en que el delfín nada.

Y Dios lo puso en palabras, también, y lo escribió en un libro llamado «la Biblia».

God wrote, "I love you" — he wrote it in the sky, and on the earth, and under the sea. He wrote his message everywhere! Because God created everything in his world to reflect him like a mirror — to show us what he is like, to help us know him, to make our hearts sing.

The way a kitten chases her tail. The way red poppies grow wild. The way a dolphin swims.

And God put it into words, too, and wrote it in a book called "the Bible."

| NOAH | MOSES | DAVID | LEAH | DANIEL |
| Noé | Moisés | David | Lea | Daniel |

Ahora, algunos piensan que la Biblia es un libro de reglas, que le dicen a uno lo que debe hacer y lo que no debe hacer. La Biblia por cierto tiene algunas reglas. Esas reglas nos muestran cómo funciona mejor la vida. Pero la Biblia no es principalmente asunto de uno y lo que uno debe estar haciendo. Es asunto de Dios y lo que él ha hecho.

Now, some people think the Bible is a book of rules, telling you what you should and shouldn't do. The Bible certainly does have some rules in it. They show you how life works best. But the Bible isn't mainly about you and what you should be doing. It's about God and what he has done.

MARY

MARÍA

PETER

PEDRO

JOSEPH

JOSÉ

ABRAHAM

ABRAHAM

SAUL

SAÚL

Otros piensan que la Biblia es un libro de héroes, mostrándole a uno personas que uno debería imitar. La Biblia en efecto tiene algunos héroes, pero (como pronto lo verás) la mayoría de las personas en la Biblia no son héroes para nada. Cometieron unas cuantas equivocaciones grandes (algunas a propósito). Se asustaron y salieron corriendo. A veces fueron realmente crueles.

Other people think the Bible is a book of heroes, showing you people you should copy. The Bible does have some heroes in it, but (as you'll soon find out) most of the people in the Bible aren't heroes at all. They make some big mistakes (sometimes on purpose). They get afraid and run away. At times they are downright mean.

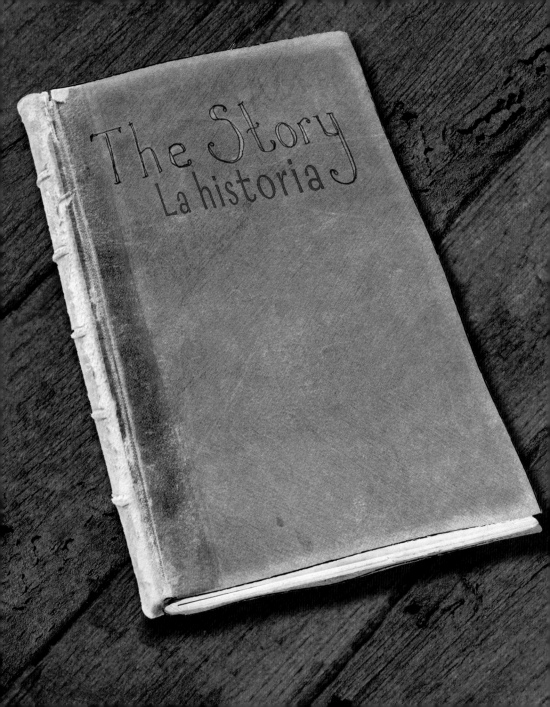

No, la Biblia no es un libro de reglas, ni un libro de héroes. La Biblia es, principalmente, una historia, un relato. Es una historia de aventuras en cuanto a un Joven héroe que viene de un país lejano para recuperar su tesoro perdido. Es una historia de amor acerca de un Príncipe valiente que deja su palacio, su trono, todo, para rescatar a la persona que ama. ¡Es como el cuento de hadas más maravilloso que se ha hecho realidad en la vida real!

Como ves, lo mejor de esta historia es que es real.

Hay muchas historias en la Biblia, pero todas las historias cuentan un relato grande: la historia de cómo ama Dios a sus hijos y viene para rescatarlos.

Lleva toda la Biblia contar esta historia. En el centro, hay un Nene. Todo historia de la Biblia dice su nombre. Él es como la pieza que falta en un rompecabezas; la pieza que hace que todas las demás encajen en su lugar, y de repente se puede ver un cuadro hermoso.

Y no es un Nene ordinario. Este es el Niño de quien depende todo en el mundo. Este es el Niño que un día . . . pero espera. Nuestra historia empieza donde empiezan todos los buenos cuentos. En el mismo comienzo. . . .

No, the Bible isn't a book of rules, or a book of heroes. The Bible is most of all a Story. It's an adventure story about a young Hero who comes from a far country to win back his lost treasure. It's a love story about a brave Prince who leaves his palace, his throne — everything— to rescue the one he loves. It's like the most wonderful of fairy tales that has come true in real life!

You see, the best thing about this Story is — it's true.

There are lots of stories in the Bible, but all the stories are telling one Big Story. The Story of how God loves his children and comes to rescue them.

It takes the whole Bible to tell this Story. And at the center of the Story, there is a baby. Every Story in the Bible whispers his name. He is like the missing piece in a puzzle — the piece that makes all the other pieces fit together, and suddenly you can see a beautiful picture.

And this is no ordinary baby. This is the Child upon whom everything would depend. This is the Child who would one day — but wait. Our Story starts where all good stories start. Right at the very beginning …

El principio: una casa perfecta

El canto de la creación, de Génesis 1—2

EN EL PRINCIPIO no había nada.
Nada que oír. Nada que sentir. Nada
que ver. Solo vacío. Y oscuridad. Y . . .
nada de nada.

Pero Dios estaba allí. Y Dios tenía
un plan maravilloso.

—Voy a tomar este vacío, —dijo
Dios—, ¡y lo voy a llenar! De la
oscuridad, ¡voy a hacer luz! Y de la
nada, voy a hacerlo . . . ¡TODO!

Así como una gallina cubre con sus
alas sus huevos para ayudar a que los
pollitos revienten, Dios volaba sobre
la oscuridad profunda y silenciosa. Él
estaba haciendo que la vida exista.

Dios habló. Eso fue todo. Y lo que
sea que dijo, sucedió.

The beginning: a perfect home

The Song of Creation, from Genesis 1 – 2

IN THE BEGINNING, there was nothing.
Nothing to hear. Nothing to feel.
Nothing to see.

Only emptiness. And darkness.
And . . . nothing but nothing.

But God was there. And God had a
wonderful Plan.

"I'll take this emptiness," God said,
"and I'll fill it up! Out of the darkness,
I'm going to make light! And out of
the nothing, I'm going to make . . .
EVERYTHING!"

Like a mommy bird flutters her
wings over her eggs to help her babies
hatch, God hovered over the deep,
silent darkness. He was making life
happen.

God spoke. That's all. And whatever
he said, it happened.

Dios dijo:

—¡Hola, luz! —y la luz brilló en la oscuridad. Dios llamó a la luz «día» y a la oscuridad llamó «noche». «Eso es bueno», dijo Dios. Y lo fue. Entonces Dios dijo:

—¡Hola mar! ¡Hola cielo! —y un gran espacio se abrió, ancho, y profundo, y alto.

—Eso es bueno, —dijo Dios. Y lo fue.

Luego Dios dijo: «¡Hola tierra!» y allí, salpicando de los océanos, surgieron los acantilados, las montañas y las playas de arena. —Eso es bueno, —dijo Dios. Y lo fue. —¡Hola árboles! —dijo Dios—. ¡Hola hierba y flores! —y todo, por todas partes, cobró vida. Él hizo que los botones de flores broten, que los retoños retoñen, que las flores florezcan. —Eso es bueno, —dijo Dios. Y lo fueron.

God said, "Hello light!" and light shone into the darkness. God called the light, "Day" and the darkness, "Night." "You're good," God said. And they were.

Then God said, "Hello sea! Hello sky!" and a great space opened up, wide and deep and high. "You're good," God said. And they were.

Then God said, "Hello land!" and there — splashing up through the oceans — came cliffs, mountains, sandy beaches. "You're good," God said. And they were.

"Hello trees!" God said. "Hello grass and flowers!" And everything everywhere burst into life. He made buds bud; shoots shoot; flowers flower. "You're good," God said. And they were.

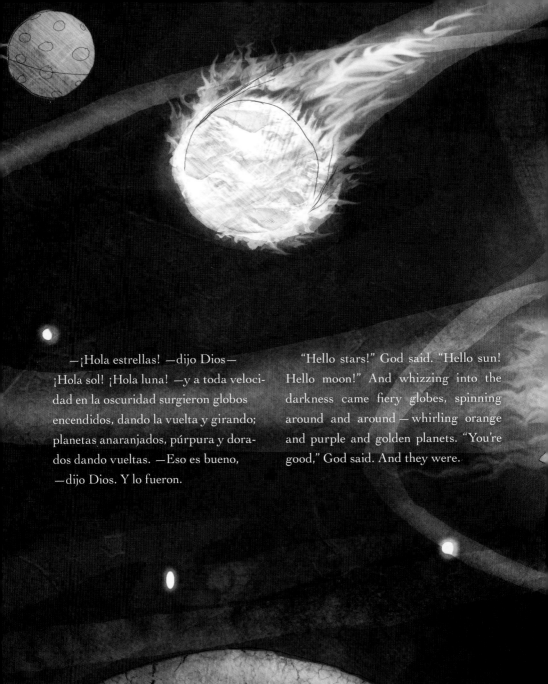

—¡Hola estrellas! —dijo Dios—
¡Hola sol! ¡Hola luna! —y a toda velocidad en la oscuridad surgieron globos
encendidos, dando la vuelta y girando;
planetas anaranjados, púrpura y dorados dando vueltas. —Eso es bueno,
—dijo Dios. Y lo fueron.

"Hello stars!" God said. "Hello sun!
Hello moon!" And whizzing into the
darkness came fiery globes, spinning
around and around — whirling orange
and purple and golden planets. "You're
good," God said. And they were.

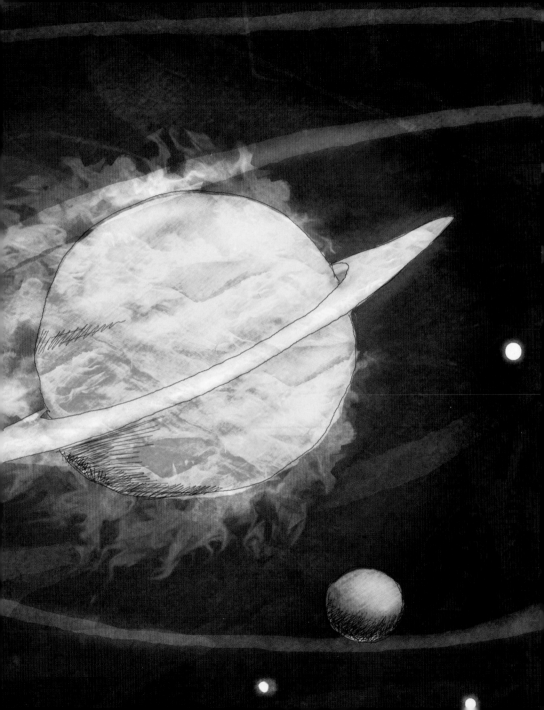

—¡Hola pájaros! —dijo Dios. Y con aleteo, y trinos, y cantos, los pájaros llenaron los cielos. —¡Hola peces! —dijo Dios. Y con un movimiento veloz, y salpicando, y retorciéndose, ¡los peces llenaron los mares! —Eso es bueno —dijo Dios. Y lo fue.

Luego dijo Dios: —¡Hola animales! —y todos salieron a jugar. La tierra se llenó con ruidos ruidosos: rugidos, gruñidos, balidos, ronquidos y alegres mugidos. —Eso es bueno —dijo Dios. Y lo fue.

"Hello birds!" God said. And with a fluttering and flapping and chirping and singing, birds filled the skies. "Hello fish!" God said. And with a darting and dashing and wriggling and splashing, fish filled the seas! "You're good," God said. And they were.

Then God said, "Hello animals!" And everyone came out to play. The earth was filled with noisy noises — growling and gobbling and snapping and snorting and happy skerfuffling. "You're good," God said. And they were.

Dios vio todo lo que había hecho, y le encantó. Y ellos eran encantadores porque él los amó.

Pero Dios dejó lo mejor para lo último. Desde el principio Dios tenía un sueño dorado en su corazón. Iba a crear personas para que participen de su eterna felicidad. Serían sus hijos, y el mundo sería su casa perfecta.

God saw all that he had made and he loved them. And they were lovely because he loved them.

But God saved the best for last. From the beginning, God had a shining dream in his heart. He would make people to share his Forever Happiness. They would be his children, and the world would be their perfect home.

Así que Dios les dio vida a Adán y Eva.

Cuando ellos abrieron los ojos por primera vez, lo primero que vieron fue la cara de Dios.

Y cuando Dios los vio, fue como un nuevo papá. —Ustedes son como yo, —dijo—. ¡Ustedes son lo más maravilloso que jamás he hecho!

Dios los amó con todo su corazón. Y ellos eran encantadores porque Dios los amó.

Y Adán y Eva se unieron en el canto de las estrellas, y de los arroyos, y el viento en los

So God breathed life into Adam and Eve.

When they opened their eyes, the first thing they ever saw was God's face.

And when God saw them he was like a new dad. "You look like me," he said. "You're the most beautiful thing I've ever made!"

God loved them with all of his heart. And they were lovely because he loved them.

And Adam and Eve joined in the song of the stars and the streams and the wind in the trees, the wonderful song of love to the one who made them. Their hearts were filled with happiness. And nothing ever made them sad or lonely or sick or afraid.

árboles, el maravilloso canto de amor hacia aquel que los creó. Sus corazones estaban llenos de felicidad. Nada jamás les entristecía, ni les hacía sentirse solos, ni enfermos, ni con miedo.

Dios miró todo lo que había hecho. —Perfecto! —dijo. Y lo fue.

Pero todas las estrellas, y las montañas, y océanos, y galaxias, y todo, era nada comparado con lo mucho que Dios amaba a sus hijos. Él movería cielo y tierra para estar cerca de ellos. Siempre. Sucedera lo que sucedera, costara lo que costara, él siempre los amaría.

Y así fue como empezó la maravillosa historia de amor. . . .

God looked at everything he had made. "Perfect!" he said. And it was.

But all the stars and the mountains and oceans and galaxies and everything were nothing compared to how much God loved his children. He would move heaven and earth to be near them. Always. Whatever happened, whatever it cost him, he would always love them.

And so it was that the wonderful love story began…

La terrible mentira

Adán y Eva lo pierden todo, de Génesis 3

ADÁN Y EVA vivian felices su maravillosa casa nueva. Todo era perfecto; por un tiempo.

Hasta que un día todo salió mal.

Dios tenía un horrible enemigo. Se llamaba Satanás. Satanás había sido en un tiempo el ángel más hermoso, pero no quería ser simplemente un ángel; quería ser Dios. Se enorgulleció y se llenó de mal y de odio, y Dios tuvo que expulsarlo del cielo. Satanás hervía de rabia, y buscaba una manera de hacerle daño a Dios. Quería detener el plan de Dios, detener esta historia de amor, allí mismo. Así que se disfrazó de serpiente y esperó en el huerto.

Ahora bien, Dios le había dado a Adán y a Eva solo una regla:

—No coman del fruto de ese árbol, —les dijo Dios—; porque si comen, van a pensar que lo saben todo. Dejarán de confiar en mí, y entonces la muerte, la tristeza y las lágrimas vendrán.

The terrible lie

Adam and Eve lose everything, from Genesis 3

ADAM AND EVE lived happily together in their beautiful new home. And everything was perfect — for a while.

Until the day when everything went wrong.

God had a horrible enemy. His name was Satan. Satan had once been the most beautiful angel, but he didn't want to be just an angel — he wanted to be God. He grew proud and evil and full of hate, and God had to send him out of heaven. Satan was seething with anger and looking for a way to hurt God. He wanted to stop God's plan, stop this love story, right there. So he disguised himself as a snake and waited in the garden.

Now, God had given Adam and Eve only one rule: "Don't eat the fruit on that tree," God told them. "Because if you do, you'll think you know everything. You'll stop trusting me. And then death and sadness and tears will come."

(Como ves, Dios sabía que si ellos comían de ese fruto, pensarían que ya no lo necesitaban. Y entonces tratarían de ser felices sin Dios. Pero Dios sabía que no hay felicidad sin él, y la vida sin él no sería vida para nada).

Tan pronto como la serpiente vio su oportunidad, se arrastró en silencio hasta Eva. —¿En realidad los quiere Dios? —dijo en voz baja la serpiente—. Si Dios los quiere, ¿por qué no les deja comer de ese fruto lindo, jugoso y delicioso? Pobrecitos, tal vez Dios no quiere que ustedes sean felices.

Las palabras de la serpiente se metieron en los oídos de ella y penetraron muy adentro en su corazón, como veneno. ¿En efecto me ama Dios? se preguntó Eva. De repente ya no lo sabía.

—Créeme, —le dijo bajito la serpiente—. No necesitas a Dios. Apenas una mordida, eso es todo, y serás más feliz de lo que jamás has soñado . . .

(You see, God knew if they ate the fruit, they would think they didn't need him. And they would try to make themselves happy without him. But God knew there was no such thing as happiness without him, and life without him wouldn't be life at all.)

As soon as the snake saw his chance, he slithered silently up to Eve. "Does God really love you?" the serpent whispered. "If he does, why won't he let you eat the nice, juicy, delicious fruit? Poor you, perhaps God doesn't want you to be happy."

The snake's words hissed into her ears and sunk down deep into her heart, like poison. *Does God love me?* Eve wondered. Suddenly she didn't know anymore.

"Just trust me," the serpent whispered. "You don't need God. One small taste, that's all, and you'll be happier than you could ever dream . . ."

Eve picked the fruit and ate some. And Adam ate some, too.

And a terrible lie came into the world. It would never leave. It would live on in every human heart, whispering to every one of God's children: "God doesn't love me."

Eva tomó del fruto y comió. Adán también comió.

Y una terrible mentira entró al mundo. Nunca saldría. Viviría en el corazón de todo ser humano, diciéndole bajito a cada uno de los hijos de Dios: «Dios no me ama».

Y no fue un sueño. Fue una pesadilla.

Una paloma salió volando de la mano de Adán. Un venado se escondió en un matorral. Era como si estuvieran asustados de algo. Había frío en el aire. Algo extraño estaba sucediendo. Siempre habían estado desnudos; pero ahora se sentían desnudos, y mal, y ya no querían que nadie los viera. Así que se escondieron. Más tarde, mientras Dios daba su caminata, los llamó: —¿Hijos?

Por lo general a Adán y a Eva les encantaba oír la voz de Dios y corrían para verlo. Pero esta vez, corrieron a esconderse de él en las sombras.

And it wasn't a dream. It was a nightmare.

A dove flew from Adam's hand. A deer darted in a thicket. It was as if they were frightened by something. A chill was in the air. Something strange was happening. They had always been naked — but now they felt naked, and wrong, and they didn't want anyone to see them. So they hid.

Later that evening, as God was taking his walk, he called to them. "Children?"

Usually Adam and Eve loved to hear God's voice and would run to him. But this time, they ran away from him and hid in the shadows.

—¿Dónde están? —dijo Dios.

—Escondidos, —dijo Adán—. Te tenemos miedo.

—¿Comieron del fruto que les dije que no comieran? —les preguntó Dios.

Adán dijo: —¡Eva hizo que comiera!

—¿Qué haz hecho? —preguntó Dios.

Eva dijo: —¡La serpiente me hizo comerlo!

Y un terrible dolor se clavó en el corazón de Dios. Sus hijos no solo habían roto una regla; le habían roto el corazón a Dios. Habían roto su mara- villosa relación personal con él. Ahora él sabía que todo lo demás se rompería. La creación divina empezaría a deshil- vanarse, y a deshacerse, y a andar mal. Porque de allí en adelante todo moriría; aunque se suponía que todo debía durar para siempre.

"Where are you?" God called.

"Hiding," Adam said. "We're afraid of you."

"Did you eat the fruit I told you not to eat?" God asked them.

Adam said, "Eve made me do it!"

"What have you done?" God asked.

Eve said, "The serpent made me do it!"

And terrible pain came into God's heart. His children hadn't just broken the one rule; they had broken God's heart. They had broken their wonderful relationship with him. And now he knew everything else would break. God's creation would start to unravel, and come undone, and go wrong. From now on everything would die — even though it was all supposed to last forever.

Como ves, el pecado había entrado en el perfecto mundo de Dios. Nunca lo dejaría. Los hijos de Dios siempre estarían huyendo de él y escondiéndose en la oscuridad. Sus corazones se romperían ahora, y nunca funcionarían como es debido. Dios no podía permitir que sus hijos vivieran para siempre; no en tal dolor, y no sin él. Había sólo una manera de protegerlos.

—Ahora tienen que salir del huerto, —les dijo Dios a sus hijos, con sus ojos llenos de lágrimas—. Esta ya no es su verdadera casa, y ya no es un lugar para ustedes.

You see, sin had come into God's perfect world. And it would never leave. God's children would be always running away from him and hiding in the dark. Their hearts would break now, and never work properly again.

God couldn't let his children live forever, not in such pain, not without him. There was only one way to protect them.

"You will have to leave the garden now," God told his children, his eyes filling with tears. "This is no longer your true home, it's not the place for you anymore."

Pero antes de que salieran del huerto,
Dios hizo ropas para sus hijos, para
cubrirlos. Con gentileza los vistió y luego
los envió en un recorrido largo, largo;
fuera del huerto, fuera de su casa.

Pues bien, en otra historia todo hubiera
acabado, y ese hubiera sido . . .

But before they left the garden, God
made clothes for his children, to cover
them. He gently clothed them and then
he sent them away on a long, long journey — out of the garden, out of their home.

Well, in another story, it would all be
over and that would have been…

el fin.

The End.

Pero no en esta historia.

Dios quería demasiado a sus hijos como para permitir que la historia termine allí. Aunque él sabía que sufriría, Dios tenía un plan: un sueño magnífico. Un día, recuperaría a sus hijos. Un día haría del mundo la casa perfecta para ellos de nuevo. Y un día, él limpiaría toda lágrima de los ojos de ellos.

Como ves, pase lo que pase, y a pesar de todo, Dios ama a sus hijos: con un amor que nunca se acaba, que nunca se da por vencido, que nunca se rompe, que es de siempre y para siempre.

Y aunque ellos se olvidarían de él, y huirían de él, muy adentro de sus corazones los hijos de Dios siempre le echarían de menos, y anhelarían buscarle; hijos perdidos anhelando volver a su casa.

Antes de que salieran del huerto, Dios les susurró a Adán y a Eva una promesa: —¡No siempre va a ser así! ¡Yo voy a rescatarlos! Y cuando lo haga, voy a batallar contra la serpiente. Yo acabaré con el pecado, y la oscuridad, y la tristeza que ustedes dejaron allí. ¡Voy a volver por ustedes!

Y volvería. Un día, Dios mismo vendría.

But not in this Story.

God loved his children too much to let the story end there. Even though he knew he would suffer, God had a plan — a magnificent dream. One day, he would get his children back. One day, he would make the world their perfect home again. And one day, he would wipe away every tear from their eyes.

You see, no matter what, in spite of everything, God would love his children — with a Never Stopping, Never Giving Up, Unbreaking, Always and Forever Love.

And though they would forget him, and run from him, deep in their hearts, God's children would miss him always, and long for him — lost children yearning for their home.

Before they left the garden, God whispered a promise to Adam and Eve: "It will not always be so! I will come to rescue you! And when I do, I'm going to do battle against the snake. I'll get rid of the sin and the dark and the sadness you let in here. I'm coming back for you!"

And he would. One day, God himself would come.

Un nuevo comienzo

El arca de Noé, de Génesis 6—9

EL TIEMPO pasó y mucha gente llenó la tierra. Todos, por todas partes, se habían olvidado de Dios, y solo hacían cosas malas todo el tiempo.

El corazón de Dios se llenó de dolor cuando vio lo que le había sucedido

NOAH
NOÉ

al mundo que amaba. Por todas partes había enfermedad, muerte y destrucción; todas las cosas que Dios detesta.

Ahora bien, Noé era amigo de Dios (lo que era extraño en esos días porque no había muchos que fueran amigos de Dios). Noé oía a Dios, conversaba con Dios, y le encantaba estar con Dios, como cuando tú estás con tu mejor amigo.

—Noé —dijo Dios—, las cosas han salido mal. La gente ha llenado mi mundo con odio en lugar de amor. Se están destruyendo a sí mismos . . . y los unos a los

A new beginning

Noah's ark, from Genesis 6 – 9

TIME PASSED and many people filled the earth. Everyone everywhere had forgotten about God and were only doing bad things all the time.

God's heart was filled with pain when he saw what had happened to the world he loved. Everywhere was disease and death and destruction — all the things God hates most.

Now, Noah was God's friend (which was odd in those days because no one else was). Noah listened to God. He talked to God. He just loved being with God, like you do with your best friend.

"Noah," God said. "Things have gone wrong. People have filled my world with hate instead of love. They are destroying themselves ... and each other ... and my world. I must stop them. First, we'll build an ark." (Do you know how to build an ark? Neither did Noah. Luckily, God knew and he would show him.)

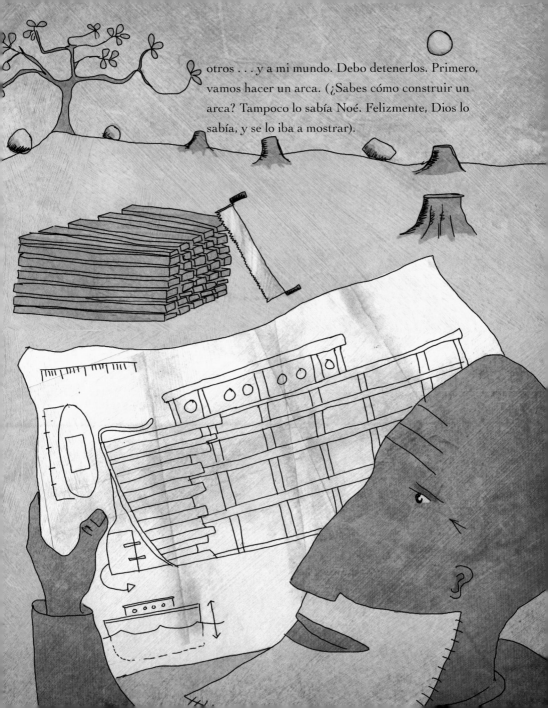

otros . . . y a mi mundo. Debo detenerlos. Primero,
vamos hacer un arca. (¿Sabes cómo construir un
arca? Tampoco lo sabía Noé. Felizmente, Dios lo
sabía, y se lo iba a mostrar).

—Viene una tormenta —le dijo Dios a Noé—. Pero a ti voy a rescatarte; te lo prometo. Voy a enviarte animales; los que se arrastran, y saltan, y caminan, y galopan, y brincan, y trepan. Y no te olvides de almacenar comida para todos.

La tomenta iba a limpiar todo el odio, la tristeza, y todo lo que había salido mal, y hacer al mundo limpio de nuevo. Dios había pensado en una manera de mantener seguro a Noé, pero Noé tenía que confiar en Dios y hacer exactamente lo que Dios le decía.

Así que Noé construyó un arca (es como un barco muy grande).

Los vecinos de Noé vinieron a verlo . . . y a señalarlo con el dedo . . . y reírse, porque no creían en Noé en cuanto al bote . . . o la tormenta . . . o la necesidad de que se los rescate. Noé debe haber parecido más bien ridículo. Su barco estaba en un desierto, y el desierto no estaba de ninguna manera cerca del mar, y no había ni siquiera una nube en el cielo. ¿Por qué alguien iba a necesitar un paraguas, mucho menos un barco?

"A storm is coming," God told Noah. "But I will rescue you. I promise. I'll send the animals to you — ones that creep and crawl and slither and slime and gallop and hop and bound and climb. And don't forget to pack everyone's food."

The storm was going to wash away all the hate and sadness and everything that had gone wrong, and make the world clean again. God had thought up a way to keep Noah safe, but Noah would have to trust God and do exactly what God told him.

So Noah built an ark (short for very large boat).

Noah's neighbors came out to watch . . . and point . . . and laugh, because they didn't believe Noah about the boat . . . or the storm . . . or needing to be rescued. And Noah must have looked rather silly. His boat was in the desert, the desert was nowhere near the sea, and there wasn't even a cloud in the sky. Why would anyone need an umbrella, let alone a boat?

Pero a Noé no le importaba tanto lo que otros pensaran, sino lo que Dios pensaba. Así que simplemente hizo lo que Dios le dijo que hiciera.

Cuando el arca estaba lista, Dios dijo: —¡Todos a bordo! —y la familia de Noé y todos los animales entraron.

Entonces Dios cerró la puerta.

But Noah didn't mind so much what other people thought, he minded what God thought. So he just did what God told him to do.

When the ark was ready, God said, "All aboard!" and Noah's family and all the animals climbed inside.

Then God shut the door.

Y empezó a llover: por minutos, que se convirtieron en horas, que se convirtieron en días, que se convirtieron en semanas y semanas. Y el agua se reunió en charcos, que se reunieron en ríos, que se reunieron en lagos, que se reunieron en un diluvio que cubrió todo el mundo.

El barco que una vez había parecido tan grande, de pronto parecía muy chico. Pero en medio de la gigantesca tempestad, con las olas estrellándose, y todos los relámpagos y rayos, en todo eso, Dios estaba con ellos. Y Dios los mantuvo a salvo por cuarenta largos días y cuarenta largas noches.

Finalmente la lluvia se acabó. Salió el sol y Noé abrió las ventanas. —¡Viva! —gritaron todos. Noé envió a una paloma para explorar, y al poco tiempo la paloma volvió trayendo una rama fresca de olivo. Todos sabían exactamente lo que eso quería decir: había hallado un árbol ¡y tierra! El agua estaba bajando.

And it started raining — for minutes, that joined up into hours, that joined up into days, that joined up into weeks and weeks. And the rain joined up into puddles, that joined up into rivers, that joined up into lakes, that joined up into a flood that covered the whole world.

Their boat that had once seemed so big, suddenly seemed very small. But in the middle of the huge storm, in the crashing waves, in all the thunder and lightning — through it all — God was with them. And God kept them safe for 40 long days and 40 long nights.

Finally, the rain stopped. The sun came out and Noah threw open all the windows. "Hooray!" everyone shouted.

Noah sent his dove out to explore, and it wasn't long before she brought him back a fresh olive leaf. Everyone knew exactly what that meant: she had found a tree — and land! The water was going down.

Por último, el barco se detuvo de repente encima de un gran monte. Tan pronto como era seguro, Dios dijo: —¡Ya pueden salir! —Así lo hicieron; todos saltando y danzando en tierra seca.

Lo primero que Noé hizo fue agradecer a Dios por rescatarlos, tal como había prometido.

Y lo primero que Dios hizo fue hacer otra promesa. —Nunca más volveré a destruir al mundo. —Y como un guerrero que guarda su arco y flecha después de una gran batalla, Dios dijo: «Ven, he colgado mi arco en las nubes».

At last, the boat landed quite suddenly on top of a great mountain.

As soon as it was safe, God said, "Out you come!" And so they did — everyone skipping and dancing onto dry land.

The first thing Noah did was to thank God for rescuing them, just as he had promised.

And the first thing God did was make another promise. "I won't ever destroy the world again." And like a warrior who puts away his bow and arrow at the end of a great battle, God said, "See, I have hung up my bow in the clouds."

Y allí, en las nubes, justo donde la lluvia se reúne con el sol, había un hermoso arco hecho de luz.

Era un nuevo principio en el mundo de Dios.

Antes de que pasara mucho todo empezaría a marchar mal de nuevo, pero eso no le sorprendió a Dios, porque él sabía que eso sucedería. Por eso, antes del principio del tiempo, él tenía otro plan; un plan mejor. Un plan, no para destruir al mundo, sino para rescatarlo; un plan que un día enviaría a su propio Hijo, el Rescatador.

El enojo fuerte de Dios contra el odio, la tristeza y la muerte vendría de nuevo; pero no sobre su pueblo, ni sobre el mundo. No, el arco de guerra de Dios no estaba apuntando a su gente.

Estaba apuntando hacia arriba, al corazón del cielo.

And there, in the clouds — just where the storm meets the sun — was a beautiful bow made of light.

It was a new beginning in God's world.

It wasn't long before everything went wrong again but God wasn't surprised, he knew this would happen. That's why, before the beginning of time, he had another plan — a better plan. A plan not to destroy the world, but to rescue it — a plan to one day send his own Son, the Rescuer.

God's strong anger against hate and sadness and death would come down once more — but not on his people, or his world. No, God's war bow was not pointing down at his people.

It was pointing up, into the heart of Heaven.

Una escalera gigantesca al cielo

La torre de Babel, de Génesis 11

NOÉ Y SU FAMILIA vivían en la tierra, y sus hijos tuvieron hijos, y esos hijos tuvieron más hijos, y entonces esos hijos tuvieron otros más; pues bien, captas el cuadro; hasta que hubo un montón de gente en la tierra de nuevo.

A giant staircase to heaven

The tower of Babel, from Genesis 11

NOAH AND HIS FAMILY lived in the land and his children had children, and those children had more children, and then those children had even more — well, you get the picture — until there were lots of people on the earth once more.

AHORA BIEN, en ese entonces, todos hablaban exactamente el mismo idioma, así que no había que aprender ni inglés, ni japonés, ni ninguna otra lengua, porque uno podía decir: —¡Hola! —a toda persona, y todos lo entendían a uno.

Un día, todos estaban conversando y se les ocurrió una idea: —¡Construyamos una hermosa ciudad donde vivir! Será nuestra casa. Estaremos seguros para siempre. —Luego tuvieron otra idea: —¡Y construyamos una torre realmente alta, que llegue hasta el cielo!

NOW, BACK then, everyone spoke exactly the same language so you didn't need to learn Swahili or Japanese or anything because you could say, "Hello!" to anyone and they knew what you meant.

One day, everyone was talking and they came up with an idea: "Let's build ourselves a beautiful city to live in! It can be our home. And we'll be safe forever and ever." Then they had another idea: "And let's build a really tall tower to reach up to heaven!"

"Yes!" they said. "Look at us up here!' And everyone will look up at us. And we'll look down on them. And then we'll know we are something. We'll be like God. We'll be famous and safe and happy and everything will be all right."

So they got to work. Brick by brick, the tower grew, higher and higher, until it soared above the city, touching the sky. They built stairs in the tower to climb to the top. It was like a giant staircase to heaven.

"Look!" they cheered. "We're the ones! See what we can do with our very own hands!" They were quite pleased with themselves.

But God wasn't pleased with them. God could see what they were doing.

—¡Eso! —dijeron—. Diremos: «¡Mírennos acá arriba!». Y todos nos admirarán. Y nosotros los miraremos despectivamente. Y entonces sabremos que somos algo. Seremos como Dios. Seremos famosos, y estaremos seguros, y contentos, y todo marchará bien.

Así que se pusieron a trabajar. Ladrillo sobre ladrillo, la torre subía, más alta y más alta, hasta que se elevó por encima de la ciudad, tocando el cielo. Construyeron escaleras en la torre para subir hasta arriba. Era como una escalera gigantesca al cielo.

—¡Miren! —gritaron—. ¡Nosotros somos los mejores! ¡Vean lo que podemos hacer con nuestras manos! —Estaban muy satisfechos consigo mismos.

Pero Dios no estaba contento con ellos. Dios podía ver lo que estaban haciendo.

Estaban tratando de vivir sin él, pero Dios sabía que eso no los haría felices, ni seguros, ni nada. Si ellos seguían así, solo se destruirían a sí mismos, y Dios los quería demasiado como para dejar que eso suceda. Así que él detuvo sus planes.

They were trying to live without him, but God knew that wouldn't make them happy or safe or anything. If they kept on like this, they would only destroy themselves, and God loved them too much to let that happen. So he stopped their plans.

Una mañana, todos fueron a su trabajo como de costumbre pero todo era diferente: sus palabras les parecían nuevas y extrañas. Como ves, ¡Dios le había dado a cada persona un idioma completamente diferente! De repente, nadie entendía lo que el otro decía. Uno decía: «¿Cómo te va?» y el otro pensaba que le había dicho: «¡Qué feo eres!». No era divertido. Uno podía decir algo muy bueno, como: «¡Qué día tan lindo!» y recibir un puñetazo en la nariz porque el otro pensaba que uno había dicho «¡Cierra el pico! ¡Eres aburrido!». (Ni siquiera podías decir: «¿Cómo dijiste?» para verificar si habías oído bien porque nadie entendía eso tampoco).

No fue fácil trabajar juntos después de eso, como puedes imaginarte. La gente siempre estaba discutiendo y peleando, y con un malgenio pésimo, y volviéndose cada vez más enojones, y más enojones, hasta que por fin todos estaban demasiado enfadados como para seguir construyendo, y tuvieron que parar.

One morning, they went to work as usual but everything was different — their words were all new and funny. You see, God had given each person a completely different language! Suddenly, no one understood what anyone else was saying. Someone would say, "How do you do?" and the other person thought they said, "How ugly are you!" It wasn't funny. You could be saying something nice like, "Such a lovely morning!" and get a punch in the nose because they thought you said, "Hush up, you're boring!" (You couldn't even say, "Pardon?" to check if you'd heard right because no one understood that word either.)

It wasn't easy to work together after that, as you can only imagine. People were always quarrelling and fighting and getting in a dreadful muddle and becoming grumpier and grumpier, until at last they were all too cross to keep on building, and just had to stop.

Después de eso la gente se esparció por todo el mundo (y por eso acabamos con tantos idiomas diferentes hasta hoy).

Como ves, Dios sabía que por alto que llegaran, por mucho que trataran, las personas nunca podrían volver al cielo por sí mismas. Las personas no necesitaban una escalera; necesitaban un Rescatador. Porque el camino de regreso al cielo no era una escalera; era una Persona.

Las personas nunca podrían llegar al cielo, así que el cielo tendría que bajar a ellas.

Y un día, bajaría.

After that, people scattered all over the world (which is how we ended up with so many different languages to this day).

You see, God knew, however high they reached, however hard they tried, people could never get back to heaven by themselves. People didn't need a staircase; they needed a Rescuer. Because the way back to heaven wasn't a staircase; it was a Person.

People could never reach up to Heaven, so Heaven would have to come down to them.

And, one day, it would.

Hijo de la risa

La promesa especial de Dios a Abraham, de Génesis 12–21

AÑOS PASARON, y las cosas no mejoraron. Las personas seguían siendo muy crueles y duras unas con otras. Todavía se enfermaban y morían. El mundo de Dios estaba lleno de lágrimas. No se suponía que debía ser así.

Pero Dios estaba alistándose para hacer algo al respecto. Iba a corregir todo lo malo, y lo iba a hacer por medio de . . . una familia.

—Abraham —dijo Dios—. ¿Cuántas estrellas hay? (Dios estaba a punto de decirle a su amigo un maravilloso secreto).

—Veamos —dijo Abraham, arremangándose las mangas. (Pero, ¿has tratado alguna vez de contar las estrellas? Entonces sabes lo difícil que es). —923, 994, 997. Ay, ay. No. Espera. 1, 2, ...

—Por supuesto, él seguía perdiendo la cuenta. —¡Demasiadas! —dijo.

Son of laughter

God's special promise to Abraham, from Genesis 12–21

YEARS PASSED and things didn't get any better. People were still just as cruel and mean to one another. They still got sick and died. God's world was still full of tears. It was never meant to be like this.

But God was getting ready to do something about it. He was going to make all the wrong things right, and he was going to do it through … a family.

"Abraham," God said. "How many stars are there?" (God was about to tell his friend a wonderful secret.)

"Let me see," Abraham said, rolling up his sleeves. (But have you ever tried counting stars? Then you know how hard it is.) "993, 994, 997. Uh-Oh. No. Wait. 1, 2, …" Of course, he kept losing count. "Too many!" he said.

Abraham

—¡Adivina! —se rió Dios—. Te voy a dar tantos hijos, y nietos, y bisnietos, que tampoco podrás contarlos.

Abraham casi no pudo contener la risa ante esta idea tan maravillosa. Pero se contuvo. ¿Cómo podía tener familia? No bromees. Él ni siquiera tenía hijos, mucho menos nietos. Se limpió una lágrima. De todas maneras, era demasiado tarde para que él empezara a tener bebés a su edad. ¡Tenía 99 años! ¿Qué podría haber querido decir Dios?

Abraham —dijo Dios—. Créeme.

Y entonces Dios le contó a Abraham su plan secreto de rescate.

—Abraham, yo voy a hacer muy grande tu familia —prometió Dios—; hasta que un día tu familia será más numerosa que las estrellas del cielo.

"Guess what!" God laughed.

"I will give you so many children and grandchildren and great grandchildren, you won't be able to count them either."

Abraham couldn't help giggling at such a wonderful idea. But he stopped himself. How could he have a family? Don't be silly. He didn't have any children, let alone grandchildren. He wiped away a tear. Anyway it was far too late for him to start having babies at his age, he was 99 years old! What could God mean?

"Abraham," God said. "Believe me."

And then God told Abraham his Secret Rescue Plan. "Abraham, I will make your family very big," God promised. "Until one day, your family will come to number more than even all the stars in the sky."

Abraham looked up at the dark night sky, thick with stars.

"You will be my special family, my people, and through you everyone on earth will be blessed!"

It was an incredible promise — God was going to rescue the world through Abraham's family! One of his great-great-great grandchildren would be the Child, the Promised One, the Rescuer.

"But it's too wonderful!" Abraham said. "How can it be true?"

"Is anything too good to be true?" God asked. "Is anything too wonderful for me?"

Abraham alzó la vista en la noche al cielo, repleto de estrellas.

—¡Ustedes van a ser mi familia especial, mi pueblo, y por medio de ustedes toda persona en la tierra será bendecida!

Era una promesa increíble; ¡Dios iba a rescatar al mundo por medio de la familia de Abraham! Uno de sus tátara-tataranietos sería el Niño, el Prometido, el Rescatador.

—Pero, ¡eso es demasiado maravilloso! —dijo Abraham—. ¿Cómo va a ser eso?

—¿Hay algo que sea demasiado bueno para que sea verdad? —preguntó Dios—. ¿Hay algo demasiado maravilloso para mí?

Así que Abraham confió en lo que Dios le dijo más que en lo que sus ojos podían ver. Y creyó.

Ahora bien, Sara había oído la promesa de Dios, y ella se rió entre dientes. Pero no era una risa de alegría; había lágrimas. Ella siempre había querido un hijo, ¿podría su sueño convertirse en realidad? ¿Podría ella en realidad tener un nene teniendo ya noventa años? No; por supuesto que no, no seas ridículo; ya era demasiado tarde.

Sara no creyó que Dios podía hacer lo que prometía. Se había olvidado de que cuando Dios dice algo, es como si ya estuviera hecho. (Por supuesto, para Dios era tan fácil darle un hijo como lo fue hacer todas las estrellas del cielo).

SARAH

SARA

So Abraham trusted what God said more than what his eyes could see. And he believed.

Now when Sarah heard God's promise, she just laughed to herself. But it wasn't a happy laugh, it had tears in it. She'd always wanted a baby, could her dream come true? Could she really have a baby when she was 90 years old? No, of course not, don't be silly, it was far too late.

Sarah didn't believe God could do what he promised. She had forgotten that when God says something, it's as good as done. (Of course, it was as easy for God to give her a baby son as it was for him to make all the stars in the sky.)

Dicho y hecho, nueve meses más tarde, tal como Dios lo había prometido, Sara dio a luz un hijo. Le pusieron por nombre Isaac, que quiere decir «hijo de la risa». Y Sara se rió. Pero esta vez fue una risa gloriosa, feliz. Su sueño se había hecho realidad.

Dios haría lo que prometió. Siempre cuidó de Abraham y su familia, su pueblo especial.

Un día Dios enviaría a otro bebé, un bebé prometido a una joven que ni siquiera tenía esposo. Pero este bebé traería risa a todo el mundo. Este bebé sería el sueño de todos hecho realidad.

Sure enough, nine months later, just as God had promised, Sarah gave birth to a baby boy. They named him Isaac, which means "son of laughter." And Sarah laughed. But this time it was a glorious, happy laugh. Her dream had come true.

God would do as he promised. He would always look after Abraham's family, his special people.

And one day, God would send another baby, a baby promised to a girl who didn't even have a husband. But this baby would bring laughter to the whole world. This baby would be everyone's dream come true.

El regalo

La historia de Abraham e Isaac, de Génesis 22

DIOS SABÍA que su plan secreto de rescate funcionaría solo si Abraham confiaba en él por completo. Dios tenía que cerciorarse de que Abraham haría lo que sea que le pidiera. Así que, pocos años después, Dios le pidió a Abraham que le dé un regalo.

A Abraham le gustaba darle regalos a Dios. Le daba a Dios sus animales. Los llamaban «sacrificios» y era una manera de decirle a Dios «Te quiero».

Pero esta vez Dios no quería una oveja o una cabra; Dios quería que Abraham le diera algo más; mucho más. Quería que Abraham le diera su hijo, su hijo único, el hijo al que amaba: Isaac.

¿Poner a su hijo sobre el altar y matarlo como sacrificio? ¿Cómo podía Dios querer que él haga una cosa tan terrible? Abraham no entendía. Pero sabía que Dios era su padre que le amaba. Así que Abraham confió en él.

A la mañana siguiente muy temprano, Abraham e Isaac salieron. Subieron por el sendero empinado y pedregoso del monte. Isaac llevaba la leña a la espalda. Su padre llevaba el cuchillo y las brasas.

The present

The story of Abraham and Isaac, from Genesis 22

GOD KNEW that his Secret Rescue Plan could only work if Abraham trusted him completely. God had to make sure Abraham would do whatever he asked. So, a few years later, God asked Abraham to give him a present.

Abraham liked giving presents to God. He gave God his animals. They were called "sacrifices" and they were a way to say "I love you" to God.

But this time God didn't want a lamb or a goat, God wanted Abraham to give him something more — much more. He wanted Abraham to give him his son, his only son, the son he loved — Isaac.

Put his boy on the altar and kill him as the sacrifice? How could God want him to do such a terrible thing? Abraham didn't understand. But he knew that God was his father who loved him. And so Abraham trusted him.

Early the next morning, Abraham and Isaac set off. They climbed the steep, stony trail up the mountain. Isaac carried the wood on his back. His father carried the knife and the coals.

—Papá —dijo Isaac—, tenemos todo excepto que nos hemos olvidado del cordero para el sacrificio.

—Dios nos dará el cordero, hijo —dijo Abraham.

Construyeron un altar y pusieron la leña encima. Abraham le pidió a su hijo que se subiera encima de la leña. Isaac no entendía, pero sabía que su papá lo quería. Así que confiaba en él. Se subió al altar, y Abraham ató a su hijo a la leña. Isaac no luchó ni trató de salir corriendo, sino que simplemente se quedó quieto y no hizo ningún ruido.

Todo estaba listo. Abraham empuñó el cuchillo. Las lágrimas brotaban de sus ojos. El dolor le llenaba el corazón. Su mano temblaba. Alzó el cuchillo muy alto en el aire . . .

—¡DETENTE! —dijo Dios—. No le hagas daño al muchacho. Quiero que viva y que no muera. Ya sé que me quieres porque me habrías dado a tu único hijo.

"Papa," Isaac said, "we have everything except we forgot the lamb for the sacrifice."

"God will give us the lamb, son," Abraham said.

They built an altar and laid the wood on top. Abraham asked his son to climb on top of the wood. Isaac didn't understand but he knew his father loved him. And so he trusted him. He climbed up onto the altar and Abraham tied his boy to the wood. Isaac didn't struggle or try to run away, he just lay there quietly and didn't make a sound.

Everything was ready. Abraham took the knife. Tears were filling up his eyes. Pain was filling up his heart. His hand was shaking. He lifted the knife high into the air

—"STOP!" God said. "Don't hurt the boy. I want him to live and not die. I know now that you love me because you would have given me your only son."

Abraham sintió que su corazón brincaba de alegría. Desató a Isaac y lo estrechó en sus brazos. Grandes gemidos hacían temblar todo el cuerpo del viejo hombre. Lágrimas candentes le llenaban sus ojos. Y por largo tiempo se quedaron así, abrazados el uno al otro, el hijo y su papá.

Abraham felt his heart leap with joy. He unbound Isaac and folded him in his arms. Great sobs shook the old man's whole body. Scalding tears filled his eyes. And for a long time, they stayed there like that, in each other's arms, the boy and his dad.

De repente Abraham vio un carnero atrapado en unos arbustos: el sacrificio. Dios les había dado lo que necesitaban justo a tiempo. El carnero moriría para que Isaac no tuviera que morir. Así que Abraham sacrificó al carnero, en vez de a su hijo.

Suddenly, Abraham saw a ram caught in some brambles — the sacrifice. God had given them what they needed just in time. The ram would die so Isaac didn't have to. And so Abraham sacrificed the ram, instead of his son.

Y sentados en la falda de ese monte, contemplando las brazas del fuego morir en el frío del aire de la noche, las estrellas arriba empezaron a brillar en el cielo aterciopelo, Dios ayudó a Abraham y a Isaac a entender algo. Dios quería que su pueblo viva, no que muera. Dios quería rescatar a su pueblo; no castigarlo. Pero ellos deben confiar en él.

—Un día alguien nacerá en tu familia, —le prometió Dios—. Y traerá felicidad a todo el mundo.

Dios estaba alistándose para darle al mundo un maravilloso regalo. Sería la manera de Dios de decirle a su pueblo: «Te amo».

Muchos años después otro Hijo subiría a otro monte, llevando madera en su espalda. Como Isaac, él confiaría en su Padre y haría lo que su Padre le pidiera. Él no lucharía ni saldría corriendo.

¿Quién fue? El Hijo de Dios, su único Hijo; el Hijo que él amaba.

El Cordero de Dios.

And as they sat there on the mountaintop, watching the embers of the fire die in the cool night air, the stars above them sparkling in the velvet sky, God helped Abraham and Isaac understand something. God wanted his people to live, not die. God wanted to rescue his people, not punish them. But they must trust him.

"One day Someone will be born into your family," God promised them. "And he will bring happiness to the whole world."

God was getting ready to give the whole world a wonderful present. It would be God's way to tell his people, "I love you."

Many years later, another Son would climb another hill, carrying wood on his back. Like Isaac, he would trust his Father and do what his Father asked. He wouldn't struggle or run away.

Who was he? God's Son, his only Son — the Son he loved.

The Lamb of God.

La niña que nadie quería   The girl no one wanted

*La historia de Jacob, Raquel y
Lea, de Génesis 29 – 30*

*The story of Jacob, Rachel, and Leah,
from Genesis 29 – 30*

RAQUEL

HABÍA UNA vez dos hermanas. La menor era linda y se llamaba Raquel; pero la mayor no era muy linda (algunos pensaban que era muy fea), y se llamaba Lea.

Raquel era de esas niñas a las que siempre invitan a las fiestas o las escogen para jugar. Todos la querían. Y, ¿qué tal de la pobre Lea? Casi nadie siquiera la notaba.

Un día su primo Jacob vino para quedarse. Era uno de los hijos de Isaac, y estaba huyendo. (Jacob había hecho algunas cosas malas, y se había ganado algunos enemigos; incluyendo a su hermano, y ahora andaba escondiéndose).

Lo curioso es que Jacob, de todas las personas, era a quien Dios le había dado la promesa especial: «Yo voy a rescatar al mundo por medio de tu familia». (Pero Dios escoge a las personas que menos esperamos, como veremos).

Jacob se quedó largo tiempo trabajando para su tío Labán.

Un día Labán dijo: —Jacob: he decidido pagarte que por tu trabajo. ¿Cuánto quieres que te pague? —Un pensamiento le vino—. ¿Qué tal una de mis hijas?

LEA

THERE WERE ONCE two sisters. The youngest sister was very beautiful and her name was Rachel. But the oldest sister wasn't beautiful at all (some thought her quite ugly), and her name was Leah.

Rachel was the kind of girl who always gets invited to parties and chosen for the team. Everyone loved her. And poor Leah? No one hardly even noticed her.

One day, their cousin Jacob came to stay. He was one of Isaac's sons and he was on the run. (Jacob had stolen and cheated and made some enemies — including his brother — and now he was hiding.)

The funny thing is, Jacob — of all people — was the one God gave the special promise to: "I will rescue the world through your family." (But then God chooses people we least expect, as we'll see.)

Jacob stayed a long time working for his Uncle Laban.

One day, Laban said, "Jacob, I've decided to pay you for your work. What do you want?" A sudden thought struck him. "How about one of my daughters?"

Jacob looked at Rachel and he looked at Leah. Who would he choose? Of course, he chose Rachel.

Jacob miró a Raquel y miró a Lea. ¿A quién iba a escoger? Por supuesto, escogió a Raquel.

—Trabajaré siete años sin cobrar —dijo Jacob—, si puedo casarme con Raquel.

Así que Jacob trabajó siete años, y, por fin, llegó el día de su boda.

Pero esa noche Labán le jugó un truco sucio a Jacob. En lugar de enviar a Raquel para que se case con Jacob, envió a Lea. (Ahora bien, en esos días, no tenían electricidad, así que estaba oscuro en la carpa y, además, las mujeres se ponían velos, y no se podían ver las caras apropiadamente. Así que Jacob no sospechó nada).

A la mañana siguiente Jacob se despertó; y gritó. Su nueva esposa estaba acostada junto a él, pero no era Raquel; era Lea. Jacob saltó de la cama. —¡Labán! —gritó—. ¡Eres un sinvergüenza!

Pero Labán dijo: —Trabaja para mí otros siete años, y entonces puedes casarte con Raquel.

Así que Jacob trabajó para Labán otros siete años, y, por fin, Raquel fue su esposa. Ahora Jacob tenía dos esposas, pero de las dos esposas Jacob quería más a Raquel.

"I'll work seven years for free!" Jacob said. "If I can marry Rachel."

So Jacob worked seven years and, at last, his wedding day arrived.

But that night, Laban played a nasty trick on Jacob. Instead of sending Rachel to marry Jacob, he sent Leah. (Now, in those days, they didn't have electricity, so it was dark in their tent and, besides, women wore veils and you couldn't see their faces properly. So Jacob suspected nothing.)

The next morning, Jacob woke up — and screamed. His new wife was lying beside him but it wasn't Rachel — it was Leah. Jacob jumped out of bed. "Laban!" he cried. "You scoundrel!"

But Laban said, "Work for me another seven years and then you can marry Rachel."

So Jacob worked for Laban another seven years and, at last, Rachel became his wife. Now Jacob had two wives, but of his two wives, Jacob loved Rachel the best.

—Nadie me quiere —decía Lea—. Soy muy fea.

Pero Dios no pensaba que ella era fea. Cuando vio que a Lea no la querían, Dios la escogió, para quererla de una manera especial, y darle una tarea muy importante. Un día Dios iba a rescatar a todo el mundo, por medio de la familia de Lea.

Entonces, cuando Lea supo en su corazón que Dios la quería, de repente ya no le importó si su esposo la quería a ella más, o si ella era la más bonita. Alguien la había escogido, alguien la quería con un amor que nunca se acaba, nunca se da por vencido, nunca se rompe y es para siempre.

Así que cuando Lea tuvo un hijo le puso por nombre Judá, que quiere decir: «¡Esta vez voy a alabar al Señor!». Y eso fue exactamente lo que hizo.

Y nunca adivinarías la tarea que Dios le dio a Lea. Como ves, cuando Dios miró a Lea, vio una princesa. Y, con certeza, eso fue exactamente lo que ella llegó a ser. Uno de los hijos, de los hijos, de los hijos de Lea sería un príncipe: el Príncipe del cielo, el Hijo de Dios.

Este Príncipe amaría al pueblo de Dios. Ellos no necesitarían ser hermosos para que él los quiera. Él los amaría de todo corazón. Y ellos serían hermosos porque él los amaba.

Como Lea.

"No one loves me," Leah said. "I'm too ugly."

But God didn't think she was ugly. And when he saw that Leah was not loved and that no one wanted her, God chose her — to love her specially, to give her a very important job. One day, God was going to rescue the whole world — through Leah's family.

Now when Leah knew that God loved her, in her heart, suddenly it didn't matter anymore whether her husband loved her the best, or if she was the prettiest. Someone had chosen her, someone did love her — with a Never Stopping, Never Giving Up, Unbreaking, Always and Forever Love.

So when Leah had a baby boy she called him Judah, which means, "This time I will praise the Lord!" And that's just what she did.

And you'll never guess what job God gave Leah. You see, when God looked at Leah, he saw a princess. And sure enough, that's exactly what she became. One of Leah's children's children's children would be a prince — the Prince of Heaven — God's Son.

This Prince would love God's people. They wouldn't need to be beautiful for him to love them. He would love them with all of his heart. And they would be beautiful because he loved them.

Like Leah.

El príncipe perdonador

José y sus hermanos, de Génesis 37–46

JACOB TENÍA doce hijos, pero de todos sus hijos, José era su favorito.

Un día Jacob le regaló a José una preciosa túnica nueva. Era hermosa y lujosa, con todos los colores del arco iris, pero eso hizo que los hermanos de Jacob sintieran envidia; ellos también querían túnicas elegantes con los colores del arco iris.

Luego, para empeorar las cosas, José tuvo algunos sueños especiales: —¡Yo soñé que era el más grande! ¡Yo era rey! —les dijo a sus hermanos—. Y todos ustedes se arrodillaban ante mí!

Ahora, estoy seguro que sabes, aunque José no lo supiera, que decirle a los hermanos cosas como estas no es muy buena idea. Los hermanos de José lo aborrecieron todavía más. Querían matar a José y sus sueños.

Y eso fue exactamente lo que trataron de hacer.

Le quitaron la túnica de colores a José, y lo vendieron a traficantes de esclavos; por 20 piezas de plata.

The forgiving prince

Joseph and his brothers, from Genesis 37–46

JACOB HAD TWELVE SONS but of all his sons, Joseph was his favorite.

One day, Jacob gave Joseph a splendid new robe. It was beautiful and rich with all the colors of the rainbow, but it made Joseph's brothers jealous — they wanted rich rainbow robes, too.

Then to make matters worse, Joseph kept on having these special dreams: "I dreamed I was the greatest! I was king!" Joseph told his brothers. "And you all bowed down to me!"

Now I'm sure you know, even if Joseph didn't, that telling your brothers things like that isn't a very good idea. Joseph's brothers hated him even more. They wanted to kill Joseph and his dreams.

And one day that's exactly what they tried to do.

They tore Joseph's rainbow robe off him and sold him to slave traders — for 20 pieces of silver.

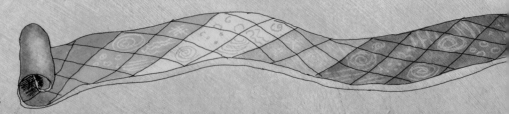

Los traficantes llevaron a José a Egipto, y lo vendieron como esclavo. Los hermanos se fueron a casa y le mintieron a su papá, diciéndole que José había muerto.

¡Ese es el fin del soñador! pensaron. Pero se equivocaron. Dios tenía un magnífico sueño para la vida de José, e incluso cuando todo parecía que marchaba mal, Dios iba a usarlo para ayudar a que su sueño se hiciera realidad. Dios iba a usar para algo bueno todo lo que le

The traders took Joseph to Egypt and made him into a slave. The brothers went home and lied to their father, telling him that Joseph was dead.

That's the end of that dreamer! they thought. But they were wrong. God had a magnificent dream for Joseph's life and even when it looked like everything had gone wrong, God would use it all to help make the dream come true. God

estaba sucediendo a José.

Mientras tanto, sin embargo, las cosas no se veían bien para José en Egipto. Estaba lejos de su casa y de su papá. Le echaron la culpa de algo que no había hecho, y, aunque no había hecho nada malo, lo castigaron y lo echaron en la cárcel. Pero Dios estaba con José.

would use everything that was happening to Joseph to do something good.

Meanwhile though, things were not looking good for Joseph in Egypt. He was far from home and from his dad. Then he got blamed for something he didn't do, and, even though he had done nothing wrong, he was punished and thrown in jail. But God was with Joseph.

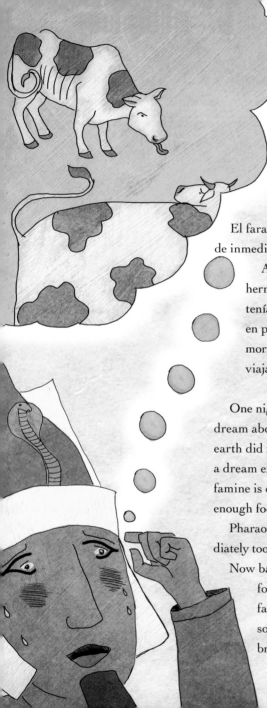

Una noche el faraón (rey de Egipto) tuvo un sueño que lo asustó, en el que vio vacas flacas comiéndose a vacas gordas. ¿Qué significaba eso? No lo sabía. Pero José era experto en sueños así que el faraón envió a buscarlo. —Quiere decir que viene una hambruna —explicó José—. No habrá comida suficiente.

El faraón se alegró tanto de la habilidad de José que de inmediato lo sacó de la cárcel y lo hizo príncipe.

Ahora bien, allá en la casa de José, a sus hermanos se les había acabado la comida y todos tenían hambre. La familia especial de Dios estaba en peligro; si no conseguían comida pronto se morirían de hambre. Así que los hermanos de José viajaron a Egipto para comprar comida.

One night, Pharaoh (king of Egypt) had a scary dream about thin cows gobbling up fat cows. What on earth did it mean? He didn't know. But Joseph was a dream expert so Pharaoh sent for him. "It means a famine is coming," Joseph explained. "There won't be enough food."

Pharaoh was so pleased by Joseph's skill that he immediately took Joseph out of jail and made him a prince.

Now back home, Joseph's brothers had run out of food and everyone was hungry. God's special family was in danger — if they didn't get food soon they would starve to death. So Joseph's brothers traveled to Egypt to buy food.

Llegaron y se arrodillaron ante el nuevo príncipe. Sus hermanos no sabían que el príncipe era José. Pero José sí sabía quiénes eran ellos. El sueño de José, en el que soñó que sus hermanos se arrodillaban ante él, se hacía realidad.

¡Soy yo! —dijo José.

Cuando se dieron cuenta de que era José, sus hermanos tuvieron miedo. Le habían hecho daño a José. Habían pecado y lo sabían. Ahora con certeza José los castigaría.

Pero José miró a sus hermanos, y sus ojos se llenaron de lágrimas. Aunque sus hermanos le habían hecho daño, y lo aborrecían, y habían querido matarlo, a pesar de todo, él no podía dejar de quererlos.

They came and knelt before the new prince. His brothers didn't know that the prince was Joseph. But Joseph knew who they were. Joseph's dream, the one about his brothers bowing down to him, was coming true.

"It's me!" Joseph cried.

When they saw it was Joseph, his brothers were afraid. They had wronged Joseph. They had sinned and they knew it. Now Joseph would certainly punish them.

But Joseph looked at his brothers and his eyes filled with tears. Even though his brothers had hurt him and hated him and wanted him dead — in spite of everything — he couldn't stop loving them.

Su corazón, al que ellos habían destrozado, se llenó de amor, y José los perdonó.

José los abrazó. —No tengan miedo —dijo—. Detrás de todo lo que ustedes estaban haciendo, debajo de todo lo que estaba sucediendo, Dios estaba haciendo algo bueno. Dios estaba haciendo todo de nuevo.

José no los castigó, los rescató; trajo a la familia especial de Dios para que viva segura con él en Egipto.

Un día Dios enviaría a otro Príncipe, un joven Príncipe cuyo corazón se partiría. Como José, él dejaría su casa y a su Padre. Sus hermanos le aborrecerían y querrían matarlo. Lo venderían por piezas de plata. Lo castigarían aunque nunca haría nada malo.

Pero Dios usaría todo lo que le sucedió a este joven Príncipe, incluso las cosas malas, para hacer algo bueno: perdonar los pecados de todo el mundo.

His heart, which they had broken, filled up with love, and Joseph forgave them.

Joseph threw his arms around them. "Don't be afraid," he said. "Behind what you were doing, underneath everything that was happening, God was doing something good. God was making everything right again."

Joseph didn't punish them, he rescued them — he brought God's special family to live safely with him in Egypt.

One day, God would send another Prince, a young Prince whose heart would break. Like Joseph, he would leave his home and his Father. His brothers would hate him and want him dead. He would be sold for pieces of silver. He would be punished even though he had done nothing wrong.

But God would use everything that happened to this young Prince — even the bad things — to do something good: to forgive the sins of the whole world.

¡Dios al rescate!

Moisés y el gran escape de Egipto, de Éxodo 3 – 13

God to the rescue!

Moses and the Great Escape from Egypt, from Exodus 3 – 13

JOSÉ Y SUS HERMANOS se hicieron viejos y se murieron, pero sus hijos y nietos se quedaron en Egipto, en donde llegaron a ser una familia muy NUMEROSA.

Más tarde, un nuevo rey comenzó a gobernar, pero este faraón no recordaba a José y no le gustaba el pueblo de Dios. Los hizo esclavos y los golpeaba, y los hizo trabajar cada vez más duro.

El pueblo de Dios clamaba a Dios para que lo rescatara.

Y Dios lo oyó. Se acordó de su promesa a Abraham. Él cuidaría a su pueblo. Él hallaría una manera de libertarlo.

Un día Moisés estaba cuidando sus ovejas cuando algo le llamó la atención: un matorral se portaba de manera muy extraña: estaba en llamas, pero las hojas no se quemaban. Fue a mirar más de cerca.

—¡Moisés! —retumbó una voz.

Moisés retrocedió. ¡El matorral estaba hablándole!

—He oído los clamores de mi pueblo —dijo Dios—. He visto sus lágrimas. Así que voy a rescatarlos. Ve al faraón y dile que deje libre a mi pueblo.

Moisés tenía miedo. Pero Dios dijo: —Yo estaré contigo.

JOSEPH AND HIS BROTHERS grew old and died, but their children's children stayed on in Egypt where they became a very LARGE family.

Later on, a new king began to rule, but this pharaoh didn't remember Joseph and he didn't like God's people. He made them into his slaves and beat them and made them work harder and harder.

God's people cried out to God to rescue them.

And God heard them. He remembered his promise to Abraham. He would look after his people. He would find a way to set them free.

One day, Moses was looking after sheep when something caught his eye: a bush was behaving very oddly — it was flickering with flames, but its leaves weren't burning up. He took a closer look.

"Moses!" boomed a big voice.

Moses leapt back. The bush was talking to him!

"I have heard my people's cries," God said. "I have seen their tears. So I have come down to rescue them. Go to Pharaoh and tell him to let my people go free."

Moses was afraid. But God said, "I will be with you."

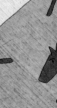

Así que Moisés fue a ver al faraón.

—Faraón —empezó Moisés—. Dios dice . . .

—¿Dios? —dijo el faraón—. Nunca he oído de él.

Moisés siguió: —Dios dice: Deja ir a mi pueblo.

—¿Y por qué iba a dejarlos ir? —dijo el faraón—. No quiero. ¡NO LO HARÉ!

Y no lo hizo. Así que Dios le dio al faraón diez advertencias; las llamamos «plagas». Primero Dios hizo que el río Nilo se vuelva sangre. Nadie podía beber el agua. Pero ni así el faraón les dejó irse.

Así que Dios hizo ranas que brincaban, y saltaban por todas partes. En la cama ranas, en el pelo ranas, en la sopa ranas, ¡por todas partes ranas! —¡Haz que se vayan! —gritó el faraón—. Entonces tu pueblo podrá irse.

Así que Dios quitó las ranas.

So Moses went to Pharaoh.

"Pharaoh," Moses began, "God says — "

"God?" said Pharaoh. "Never heard of him." Moses kept going. "God says, let his people go free."

"Why should I?" Pharaoh said. "Don't want to. WON'T!" So he didn't.

So God gave Pharaoh ten warnings, called "Plagues."

First, God turned the River Nile into blood. No one could drink the water. But still Pharaoh would not let them go.

So God made frogs come hopping and leaping and jumping. In your bed frogs, in your hair frogs, in your soup frogs, all over everywhere frogs! "Make them go away!" Pharaoh screamed. "Then your people can go." So God took the frogs away.

But Pharaoh changed his mind. "You can't go!" he said.

Pero el faraón cambió de opinión.
—No pueden irse! —dijo—.

¡Entonces Dios envió millones de piojos. Pero el faraón siguió diciendo: —¡NO! —Así que Dios envió enjambres de moscas; moscas que se metían hasta en los ojos.

Y después de eso, enfermedad; y horribles llagas, y gigantescos granizos, y saltamontes como nubes, luego oscuridad cuando debería ser de día; hasta que parecía que todo el mundo, la creación y todo, se deshacía, cayendo en oscuridad. Y vacío. Y nada.

Pero cada vez el faraón decía: —¡Haz que esto se vaya, y entonces los dejaré ir!

Y cada vez, cuando Dios hacía que se acabara, el faraón cambiaba de parecer y decía: —En realidad, ¡NO! ¡No pueden irse!

Then God sent zillions of gnats. But still Pharaoh said, "NO!" So then God sent swarms of flies — flies buzzing in your eyes flies.

And after that, sickness; and horrible boils; and huge hailstones; and a storm of locusts; then darkness when it should have been day — until it seemed that the whole world, creation and everything, was coming undone, falling back into darkness. And emptiness. And nothingness.

But each time Pharaoh said, "Make it stop and then I'll let them go!" And each time when God made it stop, Pharaoh changed his mind and said, "Actually, NO! You can't go!"

Finalmente Moisés le advirtió al faraón: —Obedece a Dios, porque si no, él te mandará lo peor de todo.

El faraón se echó a reír.

Así que Dios dijo:

El hijo mayor de toda familia deberá morir; pero mi pueblo estará seguro.

Dios le dijo a su pueblo que tomara el mejor cordero que tuvieran, que lo mataran y pusieran algo de la sangre en los postes de la puerta. —Cuando Dios pase sobre la casa de ustedes —explicó Moisés—, Dios verá la sangre y sabrá que el cordero murió en lugar de ustedes.

Finally, Moses warned Pharaoh, "Obey God or he will have to send the worst thing of all." Pharaoh just laughed.

So God said, "The oldest boy in each family of Egypt must die. But my people will be safe."

God told his people to take their best lamb, to kill it and to put some of its blood on their front doors. "When God passes over your house," Moses explained, "God will see the blood and know that the lamb died instead of you."

Esa noche las cosas sucedieron tal como Dios dijo. De repente, perforando la oscuridad, retumbando por los corredores del palacio, brotó un alarido escalofriante. ¡El hijo mayor del faraón había muerto! Al fin el faraón hizo lo que Dios dijo.

—¡VÁYANSE! —gritó el faraón—. ¡VÁYANSE!

———————

That night, it was just as God had said. Suddenly, piercing the darkness, echoing down the corridors of the palace, came a blood-curdling scream. Pharaoh's oldest son had died! At last, Pharaoh did what God said.

"GET OUT!" Pharaoh shouted. "JUST GO!"

Así que esa misma noche Moisés y el pueblo de Dios salieron de Egipto y de la esclavitud. ¡Al fin estaban libres!

El pueblo de Dios siempre recordaría este gran rescate y lo llamarían «Pascua». Pero incluso un rescate mayor vendría más adelante.

Muchos años más tarde, Dios lo haría de nuevo. Vendría de nuevo para rescatar a su pueblo. Pero esta vez Dios les libertaría para siempre.

And so, that very night, Moses and God's people fled out of Egypt and out of slavery. They were free at last!

God's people would always remember this great rescue and call it "Passover." But an even Greater Rescue was coming.

Many years later, God was going to do it again. He was going to come down once more to rescue his people. But this time God was going to set them free forever and ever.

Dios abre camino

Moisés y el Mar Rojo, de Éxodo 14–15

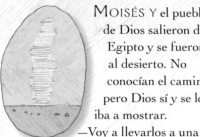

MOISÉS Y el pueblo de Dios salieron de Egipto y se fueron al desierto. No conocían el camino; pero Dios sí y se los iba a mostrar.

—Voy a llevarlos a una nueva tierra, una tierra especial —les prometió Dios—. Yo los voy a cuidar. Yo estoy con ustedes.

Dios mandó una gran nube para que ellos la sigan; una columna de humo que se elevaba hasta el cielo. Se movía delante de ellos mientras caminaban y les hacía sombra para el candente calor del día. Y cuando era tiempo de descansar, se detenía. En las noches frías del desierto los mantenía abrigados, brillando como llamas.

Dios condujo a su pueblo por el desierto hasta el borde de un gran mar. Se preguntaban cómo lo cruzarían, cuando, de repente, oyeron un terrible ruido que retumbaba. Parecía como si fueran cascos de caballos. Hicieron sombra sobre sus ojos para poder mirar hacia atrás; ¡y gritaron! ¡Allí estaba! ¡El faraón y su ejército estaban persiguiéndolos!

El faraón había cambiado de parecer de nuevo. «¡HAGAN VOLVER a mis esclavos!» chilló, y salió a toda velocidad al desierto a perseguirlos, con sus mejores 600 jinetes y todo carro de guerra que había en Egipto.

God makes a way

Moses and the Red Sea, from Exodus 14–15

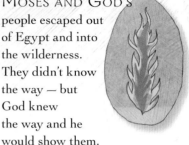

MOSES AND GOD'S people escaped out of Egypt and into the wilderness. They didn't know the way — but God knew the way and he would show them.

"I will bring you to a new home, a special land," God promised them. "I will look after you. I am with you."

God sent a big cloud for them to follow — a pillar of smoke stretching up to the sky. It moved in front of them as they walked and shaded them from the blazing heat of the day. And when it was time to rest, it stopped. All through the cold desert nights it kept them warm, glowing like fire.

God led his people through the desert to the edge of a great sea. They were just wondering how to cross it when, suddenly, they heard a terrible thundering and pounding. It sounded almost like horses' hooves. They shaded their eyes to look back — and screamed! It was! Pharaoh and his army were coming to get them!

Pharaoh had changed his mind again. "Get my slaves BACK!" he screeched and charged out into the desert after them — with 600 of his fastest horsemen — and every single chariot in Egypt.

¿Qué iba a hacer el pueblo de Dios? Delante de ellos había un mar muy grande. Era tan grande que no había manera de dar un rodeo. Pero tampoco había manera de cruzarlo; era muy hondo. No tenían barcos, así que no podían navegar para cruzarlo. Tampoco podían nadar, porque era mucha distancia y se ahogarían. No podían regresar porque el faraón estaba persiguiéndolos. Podían ver el relampagueo de las espadas, que brillaban bajo el sol candente, y las nubes de polvo, carro de guerra tras carro de guerra que asustaban y se abalanzaban hacia ellos. Hicieron lo único que les quedaba: ¡SE LLENARON DE PÁNICO!

—¡Vamos a morir! —gritaron.

—¡No tengan miedo! —dijo Moisés.

—¡Pero no hay nada que podamos hacer! —gritaron ellos.

—¡Dios sabe que no podemos hacer nada! —dijo Moisés—. Dios lo hará por ustedes. Confíen en él, y observen.

—¡Pero no hay camino! —gritaron ellos.

—¡Dios hará camino! —dijo Moisés.

Un minuto más, y todo se habría acabado. Pero entonces sucedió lo más extraño.

What were God's people going to do? In front of them was a big sea. It was so big there was no way around it. But there was no way through it — it was too deep. They didn't have any boats so they couldn't sail across. And they couldn't swim across because it was too far and they would drown. And they couldn't turn back because Pharaoh was chasing them. They could see the flashing swords now, glinting in the baking sun, and the dust clouds, and chariot after scary chariot surging towards them. So they did the only thing there was left to do — PANIC!

"We're going to die!" they shrieked.

"Don't be afraid!" Moses said.

"But there's nothing we can do!" they screamed.

"God knows you can't do anything!" Moses said. "God will do it for you. Trust him. And watch!"

"But there's no way out!" they cried.

"God will make a way!" Moses said.

Another minute and it would have been over. But then the strangest thing happened.

Dios hizo que la columna de humo se moviera. Se colocó detrás de su pueblo, y los escondió de los egipcios. Luego Dios mandó un fuerte viento del oriente para que sople toda la noche. El viento sopló sobre el agua del gran mar. La sopló hacia la izquierda y la sopló hacia la derecha, hasta que hizo dos gigantescas paredes de agua, y allí, justo por medio del mar, ¡se abrió un camino y el pueblo de Dios cruzó sobre tierra seca!

God made the pillar of smoke move. It moved behind his people and hid them from the Egyptians. Then God sent a strong east wind to blow all night long. It blew the water on the big sea. It blew it to the left and it blew it to the right, until it blew it into two towering walls of water, and there — right through the middle of the sea —a muddy pathway opened up and God's people walked across on dry land!

Cuando los egipcios trataron de seguirlos, las paredes de agua se derrumbaron sobre ellos y los tragaron.

El pueblo de Dios estaba seguro. Danzaron, y se rieron, y cantaron, y le dieron gracias a Dios. En donde no había habido camino, Dios había hecho camino.

Muchos años después, de nuevo, Dios abriría camino donde no había.

Desde el principio los hijos de Dios han estado alejándose de él y escondiéndose. Dios sabía que sus hijos no podían ser felices sin él. Pero no podían volver a él por cuenta propia; estaban perdidos, y no conocían el camino.

Pero Dios conocía el camino.

Y un día se los mostraría.

When the Egyptians tried to follow, the walls of water crashed back down on them and swallowed them up.

God's people were safe. They danced and laughed and sang and thanked God — when there had been no way out, God had made a way.

Many years later, once again, God was going to make a way where there was no way.

From the beginning, God's children had been running from him and hiding. God knew his children could never be happy without him. But they couldn't get back to him by themselves — they were lost, they didn't know the way back.

But God knew the way.

And one day he would show them.

Diez maneras de ser perfecto

Moisés y los Diez Mandamientos de Éxodo 16 – 17, 19 – 40

ASÍ QUE **allí estaban**. Abuelas, y abuelos, bebés, tíos, tías, niños, mamás y papás. Allí en medio del desierto. Tenían ampollas de tanto caminar. Tenían hambre, y sed , y demasiado, demasiado calor.

—¡No nos gusta esto! —dijeron—. ¡Esto apesta! (También ellos, de paso porque nadie se había bañado en semanas).

Ten ways to be perfect

Moses and the Ten Commandments, from Exodus 16 – 17, 19 – 40

SO THERE THEY all were. Grannies, granddads, babies, uncles, aunts, children, moms, and dads. Out there in the middle of the desert. They had blisters from all the walking. They were hungry. And thirsty. And much, much too hot.

"We don't like it!" they said. "It stinks!"(And so did they, for that matter, because no one had taken a bath in weeks.)

Ahora bien, recuerda, porque esto es algo que ellos se habían olvidado: Dios había hecho cosas asombrosas por su pueblo. Los había escondido dentro de una nube. Abrió el mar. Los había libertado.

Pero el pueblo de Dios ni así se sentía contento. No les importaba ser libres; ¿acaso no les iba mejor cuando eran esclavos? Por lo menos tenían un montón de cosas buenas para comer.

—Dios no quiere que seamos felices —dijeron. Fue la misma mentira que Adán y Eva habían oído muchos años atrás—. Dios nos ha traído acá para matarnos. ¡Dios no nos quiere! Pero ellos no conocían bien a Dios, ¿verdad?

Now remember — because this is something they'd forgotten — God had done amazing things for his people. He'd hidden them inside a cloud. He'd moved the sea. He'd set them free.

But God's people still weren't happy. They didn't care about being free — wasn't it better when they were slaves? At least they'd had lots of nice food to eat.

"God doesn't want us to be happy," they said. It was the same lie that Adam and Eve had heard all those years before. "God has brought us out here to kill us. God doesn't love us!" But they didn't know God very well, did they?

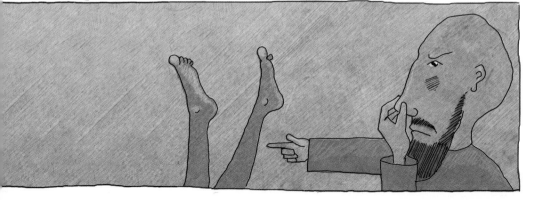

Todos los días de su viaje Dios le mostraba a su pueblo lo bien que los iba a cuidar, si ellos confiaban en él y le obedecían. Cuando tuvieron hambre, Dios hizo que del cielo lloviera comida: ¡pan que caía del cielo! «¿Qué es esto?» se preguntaron unos a otros. No lo sabían, así que lo llamaron: «¿Qué es esto?» (que, por supuesto, es un buen hombre para algo cuando uno no sabe qué es). Cuando tuvieron sed, y empezaron a pelear, Dios hizo salir agua de una roca. Moisés llamó al lugar «Pelea» (porque eso le pareció un buen hombre, también).

Every day of their journey, God kept on showing his people how well he would look after them, if they would trust him, and obey him. When they were hungry, God made the sky rain with food — bread coming down from heaven! "What is it?" they asked each other. They didn't know, so they called it, "What is it?" (which, of course, is a very good name for something when you don't know what it is). When they were thirsty and started quarrelling, God made water flow from a rock. Moses called that place "Quarrelling" (because that seemed like a good name, too).

Y ni así los hijos de Dios confiaron en Dios ni hicieron lo que él les dijo. Pensaban que les podía ir mejor si ellos mismos se cuidaban y procuraban conseguir felicidad. Pero Dios sabía que no hay felicidad sin él.

Así que Dios lo llevó a un monte muy alto. Dios quería hablar con su pueblo y mostrarles cómo era él. Quería ayudarles a que lo conozcan mejor, y hablarles de la tierra especial que les iba a dar.

—¡La tierra entera me pertenece! —dijo Dios—. Pero yo los he escogido a ustedes; ustedes son mi familia especial. Quiero que vivan de una manera que les muestre a todos los demás como soy yo; para que ellos también puedan conocerme.

And still God's children didn't trust him or do what he said. They thought they could do a better job of looking after themselves and making themselves happy. But God knew there was no such thing as happiness without him.

So God led them to a tall mountain. God wanted to talk to his people and show them what he was like. He wanted to help them know him better and tell them about the special land he was going to give them.

"The whole earth belongs to me!" God said. "But I have chosen you — you are my special family. I want you to live in a way that shows everyone else what I'm like — so they can know me, too."

Dios llamó a Moisés y le dijo que subiera al monte. El gran monte temblaba. Apareció una nube espesa. Los truenos retumbaban. Los rayos caían. Y Dios le dio a Moisés diez reglas, llamadas «mandamientos».

—Quiero que me amen más que a todo lo demás del mundo; y sepan que yo también los amo—Dios les dijo—. Eso es lo más importante de todo.

God called Moses up the mountain. The great mountain shook. A thick cloud fell. Thunder roared. Lightning crackled. And God gave Moses Ten Rules, called "Commandments."

"I want you to love me more than anything else in all the world—and know that I love you, too," God told them. "That's the most important thing of all."

Dios les dio otras reglas, como por ejemplo que no se hicieran dioses falsos, que no mataran a otras personas, ni robaran, ni mintieran. Las reglas le mostraban al pueblo de Dios cómo vivir, y cómo estar cerca de él, y cómo ser felices. Mostraban como vivir la vida de la mejor manera.

—Dios promete cuidarlos siempre —dijo Moisés—. ¿Van a amarle y a guardar estas reglas?

—¡Podemos hacerlo! ¡Sí! ¡Lo prometemos!

God gave them other rules, like don't make yourselves pretend gods; don't kill people; or steal; or lie. The rules showed God's people how to live, and how to be close to him, and how to be happy. They showed how life worked best.

"God promises to always look after you," Moses said. "Will you love him and keep these rules?"

"We can do it! Yes! We promise!"

Pero se equivocaban. No podían hacerlo. Por más que trataban, no podían guardar las reglas de Dios todo el tiempo.

Dios sabía que no podrían, y él quería que ellos también lo supieran.

Solo una persona podía guardar todas las reglas. Muchos años después Dios lo enviaría; para colocarse en lugar de ellos y sea perfecto por ellos.

Porque las reglas no podían salvarlos.

Solo Dios podía hacerlo.

But they were wrong. They couldn't do it. No matter how hard they tried, they could never keep God's rules all the time.

God knew they couldn't. And he wanted them to know it, too.

Only one Person could keep all the rules. And many years later God would send him — to stand in their place and be perfect for them.

Because the rules couldn't save them.

Only God could save them.

El jefe guerrero

Josué y la batalla de Jericó, de Josué 3 y 6

DESPUÉS DE que Moisés murió, Dios le dio a su pueblo un nuevo dirigente. Se llamaba Josué, que quiere decir «El Señor salva». Dios iba a llevar al pueblo de Dios a la tierra especial que Dios había prometido darles.

Para entonces el pueblo de Dios había estado andando de un lado a otro en ese candente desierto por cuarenta años. Así que puedes imaginarte que estaban hartos de la arena y de todo lo amarillo, y de las carpas, y de andar, y de sentir calor. Cuánto se alegraron de haber llegado a las afueras del desierto y ver la hermosa tierra nueva que sería de ellos; justo ante sus ojos; todo encantador, verde, y precioso. Solo había un problema.

Jericó.

Jericó era una ciudad; pero no era simplemente como cualquier ciudad vieja. Era una fortaleza, y detenía a cualquiera que quisiera entrar en su tierra.

El pueblo miró a Jericó. Miró las enormes y gigantescas paredes que lo rodeaban, que daban miedo. Vieron las fortificaciones muy altas. Vieron las pesadas puertas de hierro cerradas con candado. Y se miraron unos a otros.

The warrior leader

Joshua and the battle of Jericho, from Joshua 3 and 6

AFTER MOSES DIED, God gave his people a new leader. His name was Joshua, which means "The Lord Saves." Joshua was going to lead God's people into the special land God had promised to give them.

By this time, God's people had been wandering around in that baking desert for 40 years! So you can imagine how sick they were of sand and anything yellow and tents and walking and being hot. And how happy they were to reach the edge of the desert and to see their beautiful new home — right there in front of them — all cool and green and lovely. There was only one problem.

Jericho.

Jericho was a city — but it wasn't just any old city. It was a fortress and it stopped anyone from getting into the land.

The people looked at Jericho. At the big, giant, scary walls all around it. At the tall towering ramparts. At the heavy iron gates bolted shut. At each other.

¿Qué iban a hacer? Nadie lo sabía.

Pero Dios sí lo sabía; y le dijo a Josué lo que tenía que hacer. Pero Josué debe haberse quedado sorprendido porque era un plan de batalla en verdad muy extraño, como vamos a verlo.

Entonces Dios le dio a su pueblo una promesa. —Siempre voy a estar con ustedes. Nunca los voy a dejar. Si hacen lo que digo, su vida en la nueva tierra será feliz y todo marchará bien.

Así que Josué reunió a su ejército. Tenían sus espadas, y lanzas, y escudos. Estaban listos para pelear. Pero el plan no era asunto de pelea; era cuestión de confiar y hacer lo que Dios dijera.

El ejército de Josué marchó, marchó, y marchó alrededor de la ciudad. Día tras día.

—¡Tienen mucho miedo como para pelear! —dijeron los que vivían en Jericó.

———————————

What would they do? No one knew.

But God knew. And God told Joshua what to do. But Joshua must have looked surprised because it was a very odd battle plan indeed, as we'll soon find out.

Then God made his people a promise. "I will always be with you. And I will never, ever leave you. If you do what I say, your lives in the new land will be happy and everything will go well."

So Joshua gathered his army together. They had their swords and spears and shields. They were ready to fight. But the plan wasn't about fighting; it was about trusting and doing what God said.

Joshua's army went marching, marching, marching around the city. Day after day after day.

"They're too scared to fight!" the people in Jericho said.

Pero se equivocaron. El pueblo de Dios no estaba asustado; estaban esperando. Esperando a que Dios les diga lo que debían hacer luego.

En el séptimo día Dios le dijo a su pueblo que marchara alrededor de la ciudad, no una vez, sino siete veces. Entonces Dios les dijo que todos debían hacer todo el ruido que pudieran. (¿Te ha dicho alguien alguna vez que hagas todo el ruido que puedas? Pues bien, imagínate ese ruido, y añade a otras 39.999 personas haciendo el mismo ruido, y tendrás una idea. ¡Ensordecedor!).

But they were wrong. God's people weren't scared — they were waiting. Waiting for God to tell them what to do next.

On the seventh day, God told his people to march around the city not once, but seven times. Then God told everyone to make as much noise as they could. (Has anyone ever told you to make as much noise as you possibly can? Well, imagine that noise, add 39,999 other people making that noise, too — and you get the idea. Ear-splitting!)

Y, según resultó, también partió piedras;
porque las gigantescas y fuertes murallas de
Jericó se derrumbaron y se cayeron al suelo,
como si fueran de arena. Jericó desapareció
en una gran polvareda.

———————————————

And, as it turned out, stone-splitting,
too — because the
huge, strong walls of Jericho
just crumbled to the ground,
as if they were made of sand.
Jericho vanished in a great
cloud of dust.

Así fue que el pueblo de Dios entró en su nuevo hogar. Y no tuvieron que luchar para entrar; todo lo que tuvieron que hacer fue andar.

Josué dijo: —Dios los ha traído con seguridad hasta acá. Ahora, ¿van a hacer lo que él dice?

Todos dijeron: —¡Lo prometemos!

—Solo Dios puede darles alegría de corazón —dijo Josué—. Así que, no hagan oraciones a dioses falsos.

—No —dijeron ellos—. ¡Jamás!

Pero ellos no guardaron su promesa. No hicieron lo que Dios les dijo, y muchos años después, tal como Dios les había advertido, las cosas fueron muy mal para el pueblo de Dios. Perderían su hogar. Los enemigos los capturarían y los llevarían como esclavos. El pueblo de Dios se esparciría por muchos países diferentes.

Pero el plan de Dios seguía funcionando.

Un día le daría a su pueblo otro dirigente. Y otro hogar.

Pero nadie podría quitarles este hogar.

So it was that God's people entered their new home. And they didn't have to fight to get in — they only had to walk.

Joshua said, "God has brought you safely here. Now will you do what he says?"

Everyone said, "We promise!"

"Only God can make your heart happy," Joshua said. "So don't pray to pretend gods."

"No," they said. "Never!"

I'm afraid they didn't keep their promise. They didn't do what God said and many years later, just as God warned them, things would go badly for God's people. They would lose their home. Enemies would capture them and take them off as slaves. And God's people would scatter into many different lands.

But God's Plan was still working.

One day he would give his people another Leader. And another home.

But this home, no one could ever take from them.

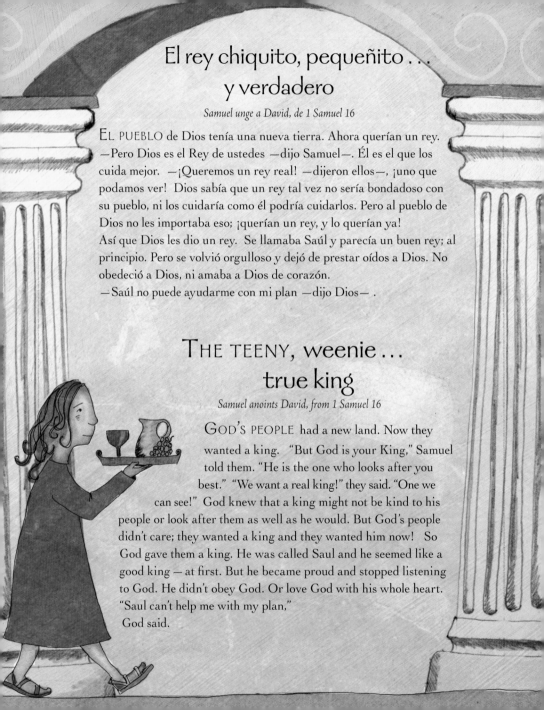

El rey chiquito, pequeñito…
y verdadero

Samuel unge a David, de 1 Samuel 16

EL PUEBLO de Dios tenía una nueva tierra. Ahora querían un rey.
—Pero Dios es el Rey de ustedes —dijo Samuel—. Él es el que los
cuida mejor. —¡Queremos un rey real! —dijeron ellos—, ¡uno que
podamos ver! Dios sabía que un rey tal vez no sería bondadoso con
su pueblo, ni los cuidaría como él podría cuidarlos. Pero al pueblo de
Dios no les importaba eso; ¡querían un rey, y lo querían ya!
Así que Dios les dio un rey. Se llamaba Saúl y parecía un buen rey; al
principio. Pero se volvió orgulloso y dejó de prestar oídos a Dios. No
obedeció a Dios, ni amaba a Dios de corazón.
—Saúl no puede ayudarme con mi plan —dijo Dios— .

THE TEENY, weenie…
true king

Samuel anoints David, from 1 Samuel 16

GOD'S PEOPLE had a new land. Now they
wanted a king. "But God is your King," Samuel
told them. "He is the one who looks after you
best." "We want a real king!" they said. "One we
can see!" God knew that a king might not be kind to his
people or look after them as well as he would. But God's people
didn't care; they wanted a king and they wanted him now! So
God gave them a king. He was called Saul and he seemed like a
good king — at first. But he became proud and stopped listening
to God. He didn't obey God. Or love God with his whole heart.
"Saul can't help me with my plan,"
God said.

Necesito un rey que me ame, y que le enseñe a mi pueblo a amarme. Necesito a un rey verdadero. —Dios tenía en mente al hombre preciso.

—Ve a Belén —le dijo a Samuel—. Hallarás allí al nuevo rey. (La tarea de Samuel era oír a Dios y decirle al pueblo lo que Dios decía).

"I need a king who loves me and will teach my people to love me. I need a true king." God had just the one in mind.

"Go to Bethlehem," God told Samuel. "You'll find the new king there." (Samuel's job was to listen to God and tell people what God said.)

Así que Samuel fue al pueblito de Belén. Dios le dijo a Samuel que fuera a la casa de Isaí. Dios iba a escoger a uno de los hijos de Isaí para que sea el nuevo rey.

Isaí tenía siete hijos fuertes.

Ahora bien, en esos días, para ser rey, no había que ser ni el más rico, ni el más listo (aunque eso siempre era bueno). Había que tener la presencia de un rey, lo que quiere decir que uno tenía que ser el más alto y más fuerte. (A fin de poder llevar las espadas más largas, y la armadura más pesada, y derrotar a todos). Y no estaba mal ser guapo, tampoco.

So Samuel went to the little town of Bethlehem. God told Samuel to go to Jesse's house. God was going to choose one of Jesse's sons to be the new king.

Jesse had seven strong sons.

Now in those days if you were going to be the king, you didn't have to be the richest or the cleverest (although that was always nice). You had to look like a king, which meant you had to be the tallest and the strongest. (So you could carry the longest swords and biggest armor and defeat everyone.) And it didn't hurt to be handsome, either.

Samuel le pidió a Isaí que trajera a sus hijos uno por uno. Así que Isaí trajo al mayor, el más alto y más fuerte. Este debe ser el nuevo rey, pensó Samuel. Se ve como un rey.

Pero Dios no lo escogió a él. —Tú estás pensando en cómo se ve por fuera —le dijo Dios a Samuel—. Pero yo miro el corazón, como es él por dentro.

Así que Isaí le mostró a Samuel el segundo hijo, el más fuerte y más alto. Pero Dios tampoco lo escogió a él. En verdad, Dios no escogió a ninguno de los siete hijos.

Samuel dijo: —¿Esos son todos?

Isaí se rió. — Pues, bien, hay el menor, pero él es el más débil de la familia, es muy chiquito.

—Tráelo —dijo Samuel.

Samuel asked Jesse to bring him each son in turn.

So Jesse brought the oldest, tallest, strongest son. *This must be the new king,* Samuel thought. *He looks like a king.*

But God didn't choose him. "You're thinking about what he looks like on the outside," God told Samuel. "But I am looking at his heart, what he's like on the inside."

So Jesse showed Samuel his next oldest, tallest, strongest son. But God didn't chose him either. In fact, God didn't choose any of the seven sons.

Samuel said, "Is that all?"

Jesse laughed. "Oh, well, there's the youngest one, but he's just the weakling of the family, he's only teeny — "

"Bring him," said Samuel.

El hijo menor de Isaí llegó corriendo, y Dios le dijo calladamente a Samuel: «¡Este es!»

Se llamaba David.

—Él tiene un corazón como el mío —dijo Dios—. Está lleno de amor. Él me ayudará con mi plan secreto de rescate. Y uno de los hijos, de los hijos, de sus hijos será el Rey. Ese Rey gobernará al mundo para siempre.

Samuel ungió la cabeza de David con aceite; que era una manera especial de mostrar que uno era el rey escogido por Dios. —Tú serás el nuevo rey un día, le dijo Samuel.

Y, con certeza, cuando creció, David llegó a ser rey.

Dios escogió a David para que sea rey porque Dios estaba preparando a su pueblo para un Rey incluso mayor que vendría.

Una vez más Dios diría: «Vayan a Belén. Allí hallarán al nuevo Rey». Y allí, una noche de estrellas en Belén, en la población de David, tres sabios lo hallaron.

Jesse's youngest son came running up, and God spoke quietly to Samuel, "This is the one!"

His name was David.

"He has a heart like mine," God said. "It is full of love. He will help me with my Secret Rescue Plan. And one of his children's children's children will be the King. And that King will rule the world forever."

Samuel anointed David's head with oil — which was a special way to show that you are God's chosen king. "You will be the new king one day," Samuel told him.

And, sure enough, when he grew up, David became king.

God chose David to be king because God was getting his people ready for an even greater King who was coming.

Once again, God would say, "Go to Bethlehem. You'll find the new King there." And there, one starry night in Bethlehem, in the town of David, three Wise Men would find him.

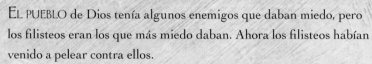

El joven héroe y el horrible gigante

David y Goliat, de I de Samuel 17

EL PUEBLO de Dios tenía algunos enemigos que daban miedo, pero los filisteos eran los que más miedo daban. Ahora los filisteos habían venido a pelear contra ellos.

Los filisteos tenían un arma secreta llamada «Goliat». Goliat era un soldado terrible, y, encima de eso, ¡un GIGANTE! Era un gigante tan fuerte, y tan alto, y daba tanto miedo que nadie jamás había podido luchar contra él, y vivir para contarlo.

Así que allí estaban: los filisteos en la cumbre de una colina; y el pueblo de Dios en la cumbre de otra colina. Todos los días Goliat salía y gritaba: —¡Manden a su mejor soldado para que pelee contra mí! Si él gana, nosotros seremos sus esclavos. Pero si yo gano, ¡ustedes serán nuestros esclavos!

Nadie dijo media palabra. Nadie se movió.

—¡Gallinas! —berreó Goliat—. ¡El Dios de ustedes no puede salvarlos! Voy a arrancarles la cabeza y a comérmelos vivos.

Sus ojos codiciosos clavados en ellos, los deseaba con ansias por debajo de su horrible casco; como si en cualquier minuto estuviera listo para tragárselos vivos. Y se reía con una risa terrible. «Ja, ja, ja, ja, ja», retumbaba. Y el eco horriblemente repetía por todo el valle seco, seco.

The young hero and the horrible giant

David and Goliath, from 1 Samuel 17

GOD'S PEOPLE HAD SOME scary enemies, but the Philistines were the scariest of them all. And now the Philistines had come to fight them.

The Philistines had a secret weapon, called "Goliath." Goliath was a terrifying soldier, and — worst of all — a GIANT! A giant so strong, and so tall, and so scary that no one had ever been able to fight him — and live to tell the tale.

So, there they were: the Philistines standing on the top of one hill; God's people standing on top of the other. Every day, Goliath came out and shouted, "Send your best soldier to fight me! If he wins, we will be your slaves. But if I win, you will be our slaves!" No one spoke. No one moved. "Chickens!" Goliath bellowed. "Your God can't save you! I'll rip your heads off and have you on toast!" His beady, greedy eyes glowered at them hungrily from under his horrible helmet — as if any minute he really might just gobble them all up. And he laughed his terrible laugh. "Ha-Ha-Ha-Ha" it boomed, echoing horribly around and around the dry, dry valley.

Pues bien, Goliat bien podía haber sido por igual un monstruo verde, repulsivo, con tres cabezas, porque el pueblo de Dios quedó paralizado por el terror. Sus ojos quedaron como vidrio, y ellos palidecieron como muertos. Sabían que si alguien no hacía algo, y pronto, si alguien no los salvaba . . .

Pero Dios iba a hacer algo. Iba a mandar a alguien para que los salvara.

David era el menor de los hijos de Isaí, y sus hermanos eran soldados en el ejército. Un día, cuando David les llevó a sus hermanos su almuerzo, vio a Goliat; y vio que todos estaban muy asustados.

—¡No tengan miedo! —dijo David—. ¡Yo voy a pelear contra él por ustedes!

—Tú eres solo un muchacho pastor —dijo el rey—, y Goliat es un gran soldado. ¿Cómo vas a luchar contra él?

—¡Dios me ayudará! —dijo David. Así que el rey le dio a David su armadura real para que se la ponga, pero era muy pesada, y muy grande, y David ni siquiera podía andar. —No necesito esto —dijo David.

Más bien, David recogió cinco piedras lisas del arroyo: una, dos, tres, cuatro, cinco; tomó su honda y se dirigió hacia Goliat. Paso. Paso. Paso.

Well, Goliath might just as well have been a green, slimy monster with three heads because God's people froze with fear. Their eyes glazed over, and they turned deathly pale. They knew if someone didn't do something quick, if someone didn't save them —

But God would do something. He would send someone to save them.

Now David was the youngest son of Jesse, and his brothers were soldiers in the army. One day, when David brought his brothers their lunches, he saw Goliath — and he saw how scared everyone was.

"Don't be afraid!" David said. "I'll fight him for you!"

"You're only a little shepherd boy," the king said, "and Goliath is a great soldier. How will you fight him?"

"God will help me!" David said.

So the king gave David his royal armor to wear, but it was too heavy and too big and David couldn't even walk. "I won't need this," David said.

Instead, David picked out five smooth stones from the stream — one, two, three, four, five —took his sling- shot and walked towards Goli- ath. Step. Step. Step.

Goliat caminó acercándose a David. PUM. PUM. PUM. —¿Tú?
—Goliat miró con burla al muchachito.

—¡Soy chico! —le gritó David—, ¡pero Dios es grande!

Goliat se rió con una risa más terrible que de costumbre. —¡JAAA-JA-
JA-JAAA! —se rió.

Con un solo tajo de su espada gigante Goliat podía acabar con el
muchachito.

Pero David seguía avanzando: —No se trata de lo fuerte que eres,
o cuántas espadas y lanzas tengas, lo que te salvará. ¡ Es Dios quien
salva! Esta es la batalla de Dios! ¡Y Dios siempre gana sus batallas!

Goliath walked towards David. THUD. THUD.
THUD. "You?" Goliath peered down at the small boy.

"I'm little!" David shouted up to him. "But God is
great!"

Goliath laughed an even terribler laugh than
usual. "HAAAA-HA-HA-HAAAA!" it went.

With just one swing of his giant sword,
Goliath could finish the boy off.

But David kept going, "It isn't how
strong you are or how many swords and
spears you have that will save you — it is God
who saves you! This is God's battle. And God
always wins his battles!"

David puso una piedra en su honda, la hizo girar, y la soltó. La piedrita voló ¡ZAS! como bala por el aire y golpeó a Goliat, ¡PUM! justo entre los ojos. Goliat dejó de reírse . . .

Retrocedió . . . se tambaleó . . . y ¡CATAPLÚN! cayó muerto.

David put a stone in his sling, swung it around — and let it go. The little stone flew WHIZZ like a bullet through the air and struck Goliath THUD right between the eyes. Goliath stopped laughing . . . He stumbled . . . and staggered . . . and CRASH! fell dead.

When the Philistines saw Goliath was dead, they ran away. And when God's people saw them running away, they cheered. God had saved his people. David was a hero!

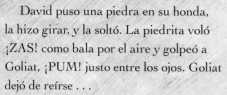

Cuando los filisteos vieron muerto a Goliat, salieron corriendo. Y cuando el pueblo de Dios vio que huían, vitorearon. Dios había salvado a su pueblo. ¡David era un héroe!

Muchos años después Dios enviaría a su pueblo otro joven héroe para que pelee por ellos, y para salvarlos.

Pero este héroe libraría la batalla más grande que el mundo jamás ha conocido.

Many years later, God would send his people another young Hero to fight for them. And to save them.

But this Hero would fight the greatest battle the world has ever known.

El buen pastor

*David, el pastor rey, del Salmo 51, 2 Samuel 7;
paráfrasis del Salmo 23*

DAVID ERA un pastor de ovejas, pero Dios le miró y vio un rey.

Con certeza, cuando David creció, eso fue precisamente lo que llegó a ser. David fue un gran rey. Tenía un corazón como el de Dios: lleno de amor.

Eso no quiere decir que fue perfecto, porque hizo algunas cosas terribles; incluso hizo matar a un hombre. No, David cometió desastres en su vida. Pero Dios puede tomar incluso el desastre más grande y hacer que funcione en su plan.

«Necesito un nuevo corazón, Señor», dijo David en oración, «porque el mío está lleno de pecado. Límpiame por dentro».

Dios oyó la oración de David. Perdonó a David y le dio una promesa: «Te voy a hacer grande, David. Un día, un rey nacerá de tu familia, y él salvará a todo el mundo». ¿Sabías que David también fue un gran compositor de cantos? En verdad, sus cantos eran tan buenos, que a lo mejor habrían aparecido en las tablas de las mejores cuarenta canciones (si ya las hubieran inventado en ese entonces).

The Good Shepherd

*David the Shepherd King, from Psalm 51, 2 Samuel 7;
paraphrase of Psalm 23*

DAVID WAS A SHEPHERD, but God looked at him and he saw a king.

Sure enough, when David grew up, that's just what he became. And David was a great king. He had a heart like God's heart — full of love.

Now, that didn't mean he was perfect, because he did some terrible things — he even murdered a man. No, David made a big mess of his life. But God can take even the biggest mess and make it work in his plan.

"I need a new heart, Lord," David prayed, "because mine is full of sin. Make me clean inside."

God heard David's prayer. He forgave David and he made David a promise: "I will make you great, David. And one day, a King will be born into your family, and he will heal the whole world."

Did you know that David was a song-writer, too? In fact his songs were so good, they might have been in the top 40 charts (if they'd been invented then).

David's songs are like prayers. They are called psalms and this one is called

Los cantos de David son como oraciones. Se les llama Salmos, y a este se le llama «El Salmo del pastor». (Probablemente es el número uno en la tabla de popularidad de los Salmos). Y dice así:

———————————

"The Song of the Shepherd." (It's probably number one on the Psalm Charts.) And it goes like this …

Dios es mi pastor
y yo soy su corderito.

Él me da de comer,
me guía,
me cuida.
Tengo todo lo que necesito.

Dentro mío, mi corazón está muy tranquilo;
tan tranquilo que me acuesto en
suaves pastos verdes
en una pradera,
junto a un arroyo.

God is my Shepherd
And I am his little lamb.

He feeds me
He guides me
He looks after me.
I have everything I need.

Inside, my heart is very quiet.
As quiet as lying still in soft green grass
In a meadow
By a little stream.

Aunque ande por lugares
oscuros, que dan miedo y solitarios
No tendré miedo
porque mi Pastor sabe dónde estoy.

Él está conmigo.
Él me guarda seguro.
Él me rescata.

Me hace fuerte
y valiente.

Even when I walk through
the dark, scary, lonely places
I won't be afraid
Because my Shepherd knows where I am.

He is here with me
He keeps me safe
He rescues me

He makes me strong
And brave.

Él está preparando cosas
maravillosas para mí.
Especialmente para mí.
¡Todo lo que siempre soñé!

Él llena mi corazón de felicidad;
No puedo contenerla por dentro.

Dondequiera que vaya
el amor de Dios que nunca se acaba,
nunca se da por vencido,
nunca se rompe,
y es siempre y para siempre,
¡ también irá!

He is getting wonderful
things ready for me
Especially for me
Everything I ever dreamed of!

He fills my heart so full of happiness
I can't hold it all inside.
Wherever I go I know

God's Never Stopping
Never Giving Up
Unbreaking
Always and Forever
Love
Will go, too!

Dios le dio a David ese canto para que lo cantara a su pueblo, para que ellos también pudieran saber que Dios los amaba, y que siempre los cuidaría; como el pastor quiere a sus ovejas.

Y un día Dios iba a hacer algo que inspiraría miles y miles de nuevos cantos. Dios iba a mostrarle a su pueblo de una vez por todas cuánto los amaba.

Otro pastor vendría; un gran pastor. Se le llamaría el Buen Pastor. Y este pastor dirigiría a todas las ovejas de Dios de regreso al lugar en donde siempre debían haber estado: cerca del corazón de Dios.

God gave David that song to sing to his people, so they could know that he loved them and would always look after them — like a shepherd loves his sheep.

And one day, God was going to do something that would inspire thousands upon thousands of new songs. God was going to show his people once and for all just how much he loved them.

Another Shepherd was coming — a greater Shepherd. He would be called the Good Shepherd. And this Shepherd was going to lead all of God's lambs back to the place where they had always belonged — close to God's heart.

Una pequeña sirvienta y un orgulloso general

La pequeña esclava y Naamán, de 2 de Reyes 5

NAAMÁN ERA un hombre muy importante, en un ejército muy importante, de un país muy importante. Así que, como ves, era muy, muy, pero muy importante.

Pero Naamán estaba enfermo. Tenía lepra, que es una cosa muy fea que hace que uno pierda la capacidad de sentir las cosas con su piel. Trozos de la carne se caen sin que uno lo note, como cuando uno se golpea un dedo de

A little servant girl and the proud general

The little slave girl and Naaman, from 2 Kings 5

NAAMAN WAS a very important man in a very important army of a very important country. So you see, he was very, very, very important.

But Naaman was sick. He had leprosy, which is a nasty thing that stops you from feeling anything. Bits of you fall off without you noticing, like bashed fingers and squished toes. It might sound funny but it wasn't — and

las manos o se tropieza con un dedo del pie. Puede sonar cómico, pero no lo es; y Naamán por cierto no se reía. No había curación para la enfermedad, el enfermo nunca se sanaba, y a la larga la lepra lo mataba. Naamán necesitaba ayuda.

Había una niña esclava que trabajaba para Naamán, y ella sabía que había alguien que podía ayudarlo. Pero había un problema; Naamán era su enemigo.

No mucho tiempo antes, Naamán había dirigido un ataque del ejército contra la nación de la niña: Israel. Habían matado a toda la familia de ella, y a ella la habían llevado a Siria, y la habían hecho una esclava. Todas las noches ella lloraba hasta quedarse dormida; lo había perdido todo.

¿Por qué iba ella, de entre todas las personas, querer ayudar a Naamán? ¿Acaso no lo aborrecía y quería desquitarse? ¿No hubiera querido hacerle pagar por el daño que le había hecho? Eso es lo que habría de esperarse, pero en lugar de detestarlo, ella lo quería. En lugar de hacerle daño en pago, le perdonó.

Naaman certainly wasn't laughing. There was no cure, it never went away, and in the end it killed you. Naaman needed help.

Now there was a little slave girl who worked for Naaman and she knew someone who could help him.
But there was a problem; Naaman was her enemy.

Not long before, Naaman had led an army raid
on her home in Israel. He had killed her whole family,
carried her off to Syria, and made her into his slave. Every night she cried herself to sleep — she had lost everything.

Why would she, of all people, want to help Naaman? Didn't she hate him and want to hurt him back? Didn't she want to make him pay for the wrong he'd done?

That's what you would expect, but instead of hating him, she loved him. Instead of hurting him back, she forgave him.

—Yo quiero que Naamán se sane —le dijo a su patrona—. Hay un hombre en Israel, llamado Eliseo, que puede sanarlo.

—Yo iré —dijo Naamán, cargando sus carros y poniéndose su armadura reluciente—. Pero voy al palacio, ¡porque allí es donde la gente importante como yo recibe sanidad.

Así que salió para Israel, y fue derecho al palacio del rey. —¡Mi sanación, por favor! —anunció.

"I want Naaman to get well," she said to her mistress. "There's a man in Israel called Elisha who can heal him."

"I'll go," said Naaman, loading up his wagons and putting on his flashing armor. "But I'll go to the palace because that's where someone important like me gets healed!"

So he hurried off to Israel and went straight to the king. "My healing, please!" he announced.

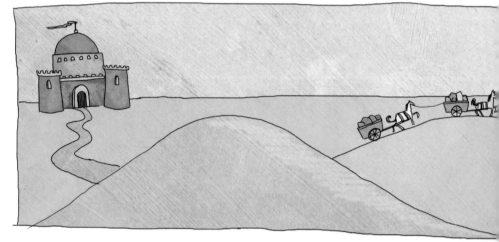

—¡Puedo hacer muchas cosas! —respondió el rey—. Pero solo Dios puede sanar.

Justo entonces le llegó un mensaje de Eliseo. «Haz que Naamán venga a mi casa», decía.

Así que Naamán se fue rápido a la casa de Eliseo. Pero Eliseo ni siquiera salió a recibirlo, sino que simplemente envió a un criado. ¿Acaso Eliseo no se da cuenta de quién soy yo? pensó Naamán.

"I can do lots of things!" the king replied. "But only God can heal."

Just then a message from Elisha arrived. "Send Naaman here," it read.

So Naaman hurried off to Elisha's house. But Elisha didn't even come out and greet him, he just sent a servant instead. *Doesn't Elisha realize who I am?* Naaman thought.

But what the servant said next made him even crosser. "Wash in there!" he said.

Pero lo que el criado le dijo lo enfureció incluso más.

—¡Báñate allí! —le dijo.

—¿Qué me bañe allí? —Naamán se rió—. ¿En ese río viscoso y apestoso? —Miró por todos lados para ver si se trataba de una broma. No lo era. *¡Cualquiera puede bañarse en un río! pensó. Yo soy Naamán. Soy importante. ¡Debo hacer algo importante para que Dios me cure! Y se alejó furioso.* (Por supuesto, tú y yo sabemos que no es así como Dios hace las cosas. Naamán no necesitaba nada. Era lo único que no tenía Naamán).

Dios sabía que Naamán estaba incluso más enfermo por dentro que por fuera. Naamán era orgulloso. Pensaba que no necesitaba a Dios. Su corazón no estaba bien; no sentía nada. Como ves, Naamán tenía lepra en el corazón. Dios no solo iba a sanar la piel de Naamán, sino que iba a sanar su orgullo.

"Just wash?" Naaman laughed. "In that slimy, stinky river?" He looked around to see if this was some kind of joke. It wasn't. *Any person can wash in a river!* he thought. *I am Naaman. I am important. I should do something important so God will heal me!* And he rode off in a rage. (Of course, you and I both know, that's not how God does things. All Naaman needed was nothing. It was the one thing Naaman didn't have.)

God knew that Naaman was even sicker on the inside than he was on the outside. Naaman was proud. He thought he didn't need God. His heart didn't work properly — it couldn't feel anything. You see, Naaman had leprosy of his heart. God was not only going to heal Naaman's skin, he was going to heal his pride.

Naamán finalmente aceptó bañarse en el río, y al instante su piel se volvió como la de un nene.

Naamán quería pagarle a Eliseo.

—Dios te sanó. No puedes pagarlo, —dijo Eliseo—. Es gratis.

Y así fue que un hombre muy enfermo quedó sano; todo debido a que una criadita lo perdonó.

Dios sabía que el pecado es como lepra. Impide que el corazón de sus hijos funcione apropiadamente, y a la larga nos mata. Años más tarde Dios iba a enviar a otro Siervo, para perdonar como la niña hizo; para perdonar a todos los hijos de Dios y sanar la terrible enfermedad que hay en sus corazones.

Sus corazones estaban rotos.

Pero Dios puede remendar corazones rotos.

Naaman finally agreed to wash in the river, and instantly, his skin became smooth like a baby.

Naaman wanted to pay Elisha.

"God healed you. You can't pay," Elisha said. "It's free."

And so it was that a very sick man was healed — all because of a little servant girl who forgave him.

God knew sin was like leprosy. It stopped his children's hearts from working properly and in the end it would kill them. Years later, God was going to send another Servant, to forgive as she did — to forgive all of God's children and heal the terrible sickness in their hearts.

Their hearts were broken.

But God can mend broken hearts.

Operación «No más lágrimas!»

El rescatador vendrá: profesías de Isaías 9,11,40,50,53,55,60

ISAÍAS

¿SABES LO que significa tu nombre? Pues bien, hubo una vez un hombre llamado Isaías, y su nombre quiere decir: «¡Dios al rescate!». A lo mejor ese nombre te suena algo cómico, pero era el nombre preciso para Isaías porque Dios tenía una tarea especial para él. Como ves, la tarea de Isaías era oír a Dios y luego decirle al pueblo lo que había oído. Ahora bien, Dios le hizo saber a Isaías un secreto. Dios iba a remendar a su mundo roto. Le mostró a Isaías su plan secreto de rescate: Operación «¡No más lágrimas!». Este es el mensaje que Dios le dio a Isaías (era como una carta que Dios les escribió a sus hijos) .

Operation "No More Tears!"

The Rescuer will come: prophecies from Isaiah 9, 11, 40, 50, 53, 55, 60

DO YOU KNOW what your name means? Well, there was once a man called Isaiah, and his name meant "God to the rescue!"

That might sound like a bit of a funny name to you, but it was just the right name for Isaiah because God had a special job for Isaiah. You see, Isaiah's job was to listen to God and then tell people what he heard.

Now, God let Isaiah know a secret. God was going to mend his broken world. He showed Isaiah his Secret Rescue Plan: Operation "No More Tears!"

This is the message God gave Isaiah (it was like a letter God wrote to his children) ...

Querido rebañito:

Todos ustedes se han alejado de mí, como ovejas en un campo abierto. Siempre han estado alejándose de mí. Ahora están perdidos. No pueden hallar el camino para volver.

Pero yo no puedo dejar de quererlos. Voy a ir a buscarlos. Así que les envío a un Pastor que los buscará y los amará. Los llevará de regreso a casa, a mí.

Dear Little Flock,

You're all wandering away from me, like sheep in an open field. You have always been running away from me. And now you're lost. You can't find your way back

But I can't stop loving you. I will come to find you. So I am sending you a Shepherd to look after you and love you. To carry you home to me.

You've been stumbling around, like people in a dark room. But into the darkness, a bright Light will shine! It will chase away all the shadows, like sunshine.

A little baby will be born. A Royal Son. His mommy will be a young girl who doesn't have a husband. His name will be Emmanuel, which means "God has come to live with us." He is one of King David's children's children's children.

The Prince of Peace.

Yes, Someone is going to come and rescue you! But he won't be who anyone expects.

Ustedes han estado tropezando por todas partes, como personas en un cuarto oscuro. Pero en la oscuridad, ¡brillará una luz brillante! Alejará todas las sombras, como la luz del sol.

Nacerá un bebito. Un hijo de realeza. Su mamá será una joven que no tiene esposo. Se llamará Emanuel, que quiere decir «Dios ha venido a vivir con nosotros». Él es uno de los hijos, de los hijos, de los hijos del rey David. El Príncipe de paz.

¡Sí, alguien vendrá a rescatarlos! Pero no será el que todos esperan.

147

¡Será rey! Pero no vivirá en un palacio. Y no tendrá montones de dinero. Será pobre. Y será un siervo. Pero este rey sanará a todo el mundo.

¡Será un héroe! Luchará por su pueblo, y los rescatará de sus enemigos; pero no tendrá grandes ejércitos, ni peleará con espadas.

¡Hará que los ciegos vean, y hará que los cojos brinquen como venados! Hará que todo sea como se supone que debe ser.

Pero la gente lo detestará, y no querrá oírle. Será como un cordero; sufrirá y morirá.

He will be a King! But he won't live in a palace. And he won't have lots of money. He will be poor. And he will be a Servant. But this King will heal the whole world.

He will be a Hero! He will fight for his people, and rescue them from their enemies. But he won't have big armies, and he won't fight with swords.

He will make the blind see, he will make the lame leap like deer! He will make everything the way it was always meant to be.

But people will hate him, and they won't listen to him. He will be like a Lamb — he will suffer and die.

It's the Secret Rescue Plan we made – from before the beginning of the world! It's the only way to get you back. But he won't stay dead –I will make him alive again! And, one day, when he comes back to rule forever, the mountains and trees will dance and sing for joy! The earth will shout out loud! His fame will fill the whole earth – as the waters cover the sea! Everything sad will come untrue. Even death is going to die! And he will wipe away every tear from every eye. Yes, the Rescuer will come. Look for him. Watch for him. Wait for him. He will come!

I promise.

Este es el plan secreto de rescate que he hecho; ¡desde antes del comienzo del mundo! Es la única manera en que puedo hacerlos volver a mí. Pero él no se va a quedar muerto; ¡yo voy a hacer que vuelva a vivir! Y, un día, cuando él vuelva para gobernar para siempre, ¡las montañas y los árboles bailarán y cantarán de alegría! ¡La tierra gritará muy fuerte! Su fama llenará toda la tierra: ¡como las aguas llenan el mar! Todo lo triste desaparecerá. ¡Incluso la muerte va a morir. Y él limpiará toda lágrima de todo ojo. Así, el Rescatador vendrá. Búsquenle. Espérenle. Alístense para él. ¡Él vendrá!

Lo prometo.

Pobre Isaías. Le leyó al pueblo, vez tras vez la carta de Dios, pero nadie le escuchó; ninguno. Jamás. No querían oír la promesa de Dios. No la creían.

¿Suena tal vez demasiado bueno para ser verdad? ¿Un cuento que termina con *y vivieron felices para siempre*? Pues bien, en efecto suena como cuento de hadas, ¿verdad? Y, como cualquiera te lo dirá al instante, los cuentos de hadas no son verdad.

O, ¿lo son?

Poor Isaiah. He read God's letter over and over to God's people, but no one listened to him — at all. Ever. They didn't want to hear God's promise. They didn't believe it.

Did it sound maybe too good to be true? A story that ends happily ever after? Well, it does sound like a fairy tale, doesn't it? And, as anyone will quickly tell you, fairy tales aren't true.

Or are they?

CON AMOR, DIOS.

LOVE, GOD.

151

Daniel y la noche de susto

Daniel en el foso de los leones, de Daniel 6

LAS COSAS no iban bien para el pueblo de Dios. Habían sido capturados, y los habían llevado lejos; y ahora eran esclavos del rey de Babilonia. Pero Dios no había dejado a su pueblo. Estaba con ellos, y los cuidaba.

Daniel amaba a Dios y le obedecía. Dios hizo que Daniel fuera capaz de entender muchas cosas difíciles, así que antes de mucho tiempo el rey de Babilonia notó eso. Al rey Darío le gustó la inteligencia de Daniel; así que lo hizo su ayudante más importante de todos, y lo puso a cargo de muchos otros ayudantes.

Daniel and the scary sleepover

Daniel and the lions' den, from Daniel 6

THINGS WERE NOT looking good for God's people. They had been captured and taken far from home — and now they were slaves of the king of Babylon. But God had not left his people. He was with them and he was looking after them.

Daniel loved God and obeyed him. Now God made Daniel able to understand lots of difficult things, so it wasn't long before the king of Babylon noticed him. King Darius liked how clever Daniel was. So he made Daniel his most important helper of all, and put him in charge of lots of other helpers.

Pero a estos otros ayudantes no les gustó esto. Querían que el rey los trate mejor a ellos. Querían librarse de Daniel.

Así que espiaron a Daniel. Trataron de hallar cosas malas que Daniel hiciera, cosas que pudieran contárselas al rey, cosas que pudieran . . . Pero no hallaron ninguna. Ninguna. No pudieron hallar nada.

Excepto que había tal vez una cosa: todos los días, tres veces al día, sin falta, pasara lo que pasara, Daniel iba a su cuarto, cerraba la puerta, y oraba.

But the other helpers didn't like this. They wanted the king to like them best. They wanted to get rid of Daniel.

So they spied on Daniel. They tried to find things wrong with Daniel, things they could tell the king, things they could . . . but there weren't any. None. They couldn't find anything at all.

Except there was just the one thing: every day, three times a day — without fail, no matter what — Daniel went to his room, closed the door, and prayed.

153

Se sonrieron el uno al otro. «Hagamos que el rey ordene una ley: ¡A nadie se le permitiría que ore, ¡EXCEPTO AL REY! Daniel no obedecerá esa ley, y así será castigado»

Se felicitaron unos a otros por ser tan listos, y corrieron a decírselo al rey. Al rey le gustó la idea. No sabía que estaban engatusándolo. Así que ordenó la ley: «Todos deben orar, ¡pero solo a MÍ! Si no, ¡le servirán de cena a los leones!».

Daniel oyó eso. Sabía que era malo orar a alguien excepto a Dios. Tenía que hacer lo que Dios había dicho, costara lo que costara, incluso si eso significará morir. Así que Daniel fue a su cuarto, cerró la puerta, y oró.

They smiled to themselves. "Let's get the king to make a law — no one is allowed to pray to anyone EXCEPT TO THE KING! Daniel won't obey this law and he will be punished!"

They were pleased with themselves for being so clever and hurried off to tell the king. The king liked their idea. He didn't know they were tricking him. So he made it into a law: "Everyone must pray — only to ME! If you don't, the lions will have you for their dinner!"

Daniel heard this. He knew it was wrong to pray to anyone except God. He had to do what God said — whatever it cost him, even if it meant he would die. So Daniel went to his room, closed the door, and prayed.

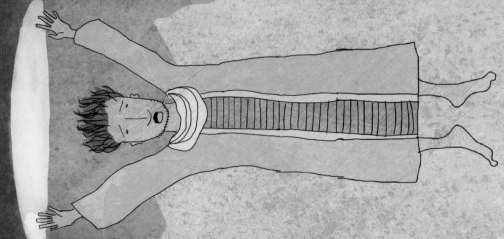

That's just what the bad men knew Daniel would do. They skipped straight off to tell the king. "Oh, Your Most Glittering Highness, your law says, does it not, that everyone must pray to you alone, Sire?"

"Yes," said the king.

"Oh, Majesterial Brightness, then correct us if we're wrong but . . . it would seem that Daniel is praying to God — NOT TO YOU!"

The king was sad. He had been tricked! He didn't want to hurt Daniel, but he couldn't change his law. And so he let the soldiers throw Daniel to the lions: "May your God, who you love so much, rescue you!" the king said.

Era justo lo que los hombres malos sabían que Daniel haría. Al instante se fueron a contárselo al rey. —Ah, su más reluciente majestad, tu ley dice, ¿verdad que todos deben orar sólo a ti, señor?

—Sí —dijo el rey.

—Ah, brillante majestad, entonces corrígenos si estamos equivocados, pero. . . parece que Daniel está orando a Dios; ¡y no a ti!

El rey se puso triste. ¡Se había dejado engañar! No quería hacerle daño a Daniel, pero no podía cambiar la ley. Así que hizo que los soldados echaran a Daniel a los leones.

—Que tu Dios, a quien amas tanto, te rescate —dijo el rey.

Él rey volvió a su palacio, pero no durmió esa noche; ni un instante. Dio vueltas y vueltas en la cama, hasta que finalmente, al amanecer, dejó la cama y corrió derecho al foso. —¿Daniel? —gritó—. ¿Te ha rescatado tu Dios? —¡SÍ! —gritó Daniel—. ¡Dios envió un ángel que cerró la boca de los leones!

The king went back to his palace, but he didn't sleep that night. Not a wink. He tossed and turned until finally, at the first glimmer of dawn, he leaped out of bed and ran straight to the den. "Daniel?" he cried. "Has your God rescued you?" "YES!" Daniel shouted. "God sent an angel to close the lions' mouths!"

Y allí, con la cabeza apoyada sobre las rodillas de Daniel, estaba el león más grande, ronroneando como gatito.

El rey sacó a Daniel del pozo. —¡Miren! —dijo—. ¡Daniel no tiene ni un rasguño!

El rey dictó una nueva ley: «El Dios de Daniel es el Dios verdadero. ¡Es el Dios que rescata! ¡Todos deben alabar a ese Dios!

Dios seguiría rescatando a su pueblo. Llegaría el tiempo cuando Dios enviaría a otro Héroe valiente, como Daniel, que amaría a Dios y haría lo que Dios dijera; costara lo que costara, incluso si significaba la muerte.

Y juntos realizarían el mayor rescate que el mundo jamás ha conocido.

And there, resting his head on Daniel's lap, was the biggest lion, purring like a little kitten.

The king brought Daniel out of the den. "Look!" he said. "Daniel doesn't even have a scratch!"

The king made a new law: "Daniel's God is the true God. The God who Rescues! Pray to him instead!"

God would keep on rescuing his people. And the time was coming when God would send another brave Hero, like Daniel, who would love God and do what God said — whatever it cost him, even if it meant he would die.

And together they would pull off the Greatest Rescue the world has ever known.

El mensajero de Dios

Jonás y el gran pez, de Jonás 1—4; Hebreos 1:1-2

God's messenger

Jonah and the big fish, from Jonah 1 – 4; Hebrews 1:1-2

DIOS TENÍA una tarea para Jonás. Pero Jonás no la quería.

—Ve a Nínive—dijo Dios— y dile a tus peores enemigos que yo los amo.

—¡NO! —dijo Jonás—. ¡Son gente mala, que hace cosas malas!

—Exactamente —dijo Dios—. Se han alejado de mí; pero no puedo dejar de quererlos. Voy a darles un nuevo comienzo. Voy a perdonarlos.

—¡NO! —dijo Jonás—. ¡No se lo merecen! *¡Huiré lejos!* se dijo Jonás. *Muy lejos; tan lejos que Dios no podrá hallarme. ¡Así no tendré que hacer lo que Dios dice! ¡Es un buen plan!* se dijo, porque, hasta donde podía saberlo, era un buen plan.

GOD HAD A JOB for Jonah. But Jonah didn't want it.

"Go to Nineveh," God said, "and tell your worst enemies that I love them."

"NO!" said Jonah. "Those are bad people doing bad things!"

"Exactly," said God. "They have run far away from me. But I can't stop loving them. I will give them a new start. I will forgive them."

"NO!" said Jonah. "They don't deserve it!" *I'll run away!* Jonah said to himself. *Far away — so far away that God won't be able to find me. Then I won't have to do what God says! It's a good plan!* he said, because, as far as he knew, it was a good plan.

But, of course, it wasn't a good plan at all.

NINEVEH

NÍNIVE

NOT TO NINEVEH

NO NÍNIVE

Pero, por supuesto, Pero por supuesto, no era un buen plan para nada. Era un plan tonto. (Porque uno puede huir de Dios, pero él siempre viene y nos encuentra).

Jonás siguió adelante con su plan no muy bueno. «Un boleto no a Nínive, ¡por favor!» dijo, y se embarcó en un barco que salía en la dirección precisamente opuesta a Nínive.

It was a silly plan. (Because you can run away from God, but he will always come and find you.)

Jonah went ahead with his not-very-good plan. "One ticket to NOT Nineveh, please!" he said and boarded a boat sailing in the very opposite direction of Nineveh.

Pues bien, no pasó mucho tiempo, y sopló un viento feroz, y el barco comenzó a mecerse, y a bambolearse, y a tambalearse; y todos empezaron a sentirse mal. Jonás se sentó derecho en su cama. Como ves, lo primero que salió mal con el plan no muy bueno de Jonás fue que Dios envió una gran tempestad para perseguirlo.

Los marineros no podían manejar su barco en forma apropiada. «¡Vamos a hundirnos!» gritaron, y empezaron a arrojar todo por la borda: maletas, comida, todo lo que podían hallar.

Pero Jonás sabía que la tempestad era culpa suya.

—¡Échenme a mí, más bien! —les gritó a los marineros—; ¡y la tormenta cesará!

Los marineros no estaban seguros— ¡Es la única manera en que pueden salvarse! —les gritó Jonás.

Well, it wasn't long before a fierce wind blew, and the boat started to lurch and pitch and roll — and everyone started turning green. Jonah sat bolt upright in his bed. You see, the first thing that went wrong with Jonah's not-very-good plan was that God sent a big storm after him.

The sailors couldn't sail their ship properly. "We're sinking!" they screamed, and started throwing everything overboard — suitcases, food, whatever they could find.

By now Jonah knew that the storm was his fault. "Throw me in, instead!" he shouted to the sailors. "And the storm will stop!" The sailors weren't sure. "It's the only way you can be saved!" Jonah cried.

And so, one … two … three …

¡CHAPUZÓN!

Tan pronto como Jonás cayó al agua, las olas se calmaron, el viento se tranquilizó, y la tormenta se acabó.

SPLASH!

No sooner had Jonah hit the water than the waves grew calm, the wind died down, and the storm stopped.

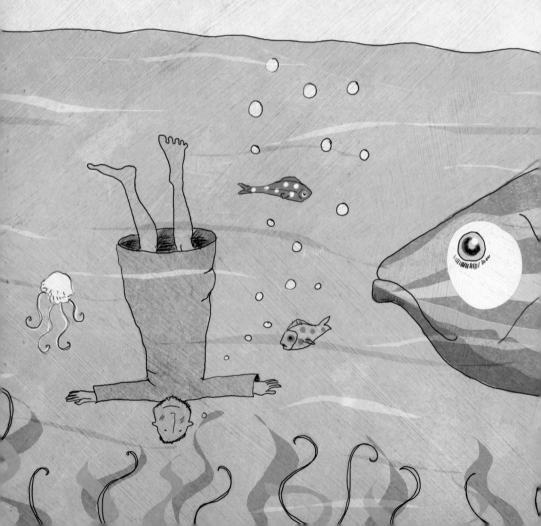

Justo entonces, cuando Jonás pensaba que todo se había acabado, cuando estaba seguro que se iba a ahogar, Dios envió a un gran pez para que lo rescatara. El pez se tragó a Jonás entero; de una sola vez.

Just then, when Jonah thought it was all over, when he was sure he was going to drown, God sent a big fish to rescue him. The fish swallowed Jonah whole — with one big gulp.

Jonás debe haber pensado que iba a morirse; estaba tan oscuro allí dentro, como una tumba. Pero entonces olió la comida en descomposición, y sintió las algas viscosas, y supo que no estaba muerto. ¡Estaba en el estómago del pez!

Sentado allí en la oscuridad por tres días enteros, Jonás tuvo bastante tiempo para pensar. Muy pronto se dio cuenta de que su plan era, pues bien, . . . un plan muy tonto en verdad. Lamentó haber huido. Oró a Dios dentro del gran pez, y pidió a Dios que lo perdonara.

———————

Jonah must have thought he'd died, it was so dark in there, like in a tomb. But then he smelled the rotting food and felt the slimy seaweed and knew he wasn't dead. He was in the belly of the fish!

Sitting there in the darkness for three whole days, Jonah had plenty of time to think. Pretty soon he realized his plan was, well ... a very silly plan indeed. He was sorry for running away. He prayed to God from inside the great fish and asked God to forgive him.

Después de tres días el pez escupió a Jonás a salvo en una playa de arena.

Justo allí, Jonás oyó que alguien le llamaba por nombre.

—Ve a Nínive —dijo Dios.

¿Y esta vez? Jonás dijo: —¡SÍ!

Fue derecho a Nínive, y les habló a todos en cuanto al maravilloso mensaje de Dios.

After three days, the fish spat Jonah safely out onto a sandy beach.

Just then, Jonah heard someone calling his name. "Go to Nineveh," God said.

And this time? Jonah said, "YES!" He went straight to Nineveh and told everyone God's wonderful message.

—Aun cuando ustedes se han alejado mucho de Dios, él no puede dejar de amarlos, —les dijo Jonás—. ¡Acérquense a él! Él los perdonará.

La gente de Nínive prestó atención a Jonás, y empezaron a querer a Dios. Aprendieron lo que Dios había dicho y dejaron de alejarse de él; tal como Jonás.

Muchos años más tarde Dios iba a enviar a otro mensajero con el mismo mensaje maravilloso. Como Jonás, él pasaría tres días en total oscuridad.

Pero este mensajero sería el mismo Hijo de Dios. Se le llamaría «La Palabra» porque él mismo sería el mensaje de Dios. El mensaje de Dios traducido a nuestro propio idioma. Todo lo que Dios quería decirle a todo el mundo; en un persona.

"Even though you've run far from God, he can't stop loving you," Jonah told them. "Run to him! So he can forgive you."

The people of Nineveh listened to Jonah, and they started loving God. They learned to do what God said and to stop running away from him — just like Jonah.

Many years later, God was going to send another Messenger with the same wonderful message. Like Jonah, he would spend three days in utter darkness.

But this Messenger would be God's own Son. He would be called "The Word" because he himself would be God's Message. God's Message translated into our own language. Everything God wanted to say to the whole world — in a Person.

¡Prepárense!

El pueblo de Dios regresa de la esclavitud, de Nehemías 8—10; Malaquías 1, 3 y 4; Esdras 7

¿ALGUNA VEZ has estado en una fiesta que duró toda una semana? ¿Qué tal un sermón que duró todo un día? Pues bien, eso le sucedió al pueblo de Dios cuando volvieron a su tierra después de haber sido esclavos. Se habían olvidado de cómo Dios quería que vivieran, o quienes debían ser. Así que Esdras y Nehemías les leyeron las reglas que Dios le había dado a Moisés.

Pero algo extraño sucedió: mientras más duraba el sermón, más se entristecían todos. ¿Por qué? ¿Era aburrido el sermón? No; no en realidad. Era extraño, como ves. Mientras Esdras leía, el libro de reglas, servía como espejo. Les mostraba cómo eran, y no les gustó lo que vieron. Vieron que no habían estado viviendo del modo en que debían.

GET READY!

GOD'S PEOPLE return from being slaves, from Nehemiah 8 – 10, Malachi 1, 3 and 4, Ezra 7

HAVE YOU EVER been to a party that lasted a whole week? How about a sermon that went on all day?

Well, that's what happened to God's people after they came home from being slaves. They had forgotten how God wanted them to live, or who they were supposed to be. So Ezra and Nehemiah read them the rules God had given Moses.

But something odd happened: the more the sermon went on, the sadder they all got. Why? Was the sermon that boring? No, not really. It was strange, you see. As Ezra read the book of rules, it worked like a mirror. It showed them what they were like, and they didn't like what they saw. They saw that they had not been living the way they should.

- Rules
- More rules
- Even more rules
- Yet more rules
- Bonus rules
- More and more rules
- Rules about rules
- Bonus supplementry rules
- More supplementary rules
- Rules and rules
- Additional rules
- Ancillary rules
- Plus some other rules
- Rules and
- A couple
- Extra ext
- Plus furth

Ellos vieron que eran crueles y egoístas.
«Lo hemos arruinado» lloraron.
«¡Ahora Dios no castigará!».

Pensaron que sabían lo que Dios iba a hacer; pero no era así. Por supuesto, ellos podían haber tomado un señal del nombre de Esdras, que quiere decir «¡Aquí hay ayuda!» E incluso más fuerte del nombre de Nehemías, porque su nombre quiere decir: «Dios limpia nuestras lágrimas». Y eso, como verás, es exactamente lo que Dios se preparaba para hacer.

Esdras miró a los hijos de Dios. Grandes lágrimas candentes corrían de sus ojos y por sus mejillas. Él detuvo su sermón, a media frase, y cerró el libro. «¡Vamos a tener una fiesta!» gritó.

¡Y eso fue exactamente lo que hicieron! Toda la semana.

They saw that they were cruel and selfish.

"We've blown it," they cried. "Now God will punish us!"

They thought they knew what God was going to do. But they didn't. Of course, they might have picked up a clue from Ezra's name, which means "Help is here!" And an even stronger one from Nehemiah's name, because his name means "God wipes away our tears." And that, as you'll see, is just exactly what God was getting ready to do.

Ezra looked at God's children. Great, hot tears were welling up in their eyes and streaming down their cheeks. He stopped his sermon — mid-sentence — and shut the book. "We're having a party!" he shouted.

And so that's just what they did! All week long.

* REGLAS
* MÁS REGLAS
* INCLUSO MÁS REGLAS
* TODAVÍA MÁS REGLAS
* REGLAS DE BONO

* MÁS Y MÁS REGLAS
* REGLAS SOBRE REGLAS
* REGLAS SUPLEMENTARIAS DE BONO
* MÁS REGLAS SUPLEMENTARIAS

* REGLAS Y REGLAS
* REGLAS ADICIONALES
* REGLAS ANCILARES
* OTRAS POCAS REGLAS MÁS

* REGLAS Y OTRAS REGLAS MÁS
* UN PAR MÁS DE REGLAS AÑADIDAS
* MÁS REGLAS EXTRA, EXTRA
* MÁS OTRAS POCAS

REGLAS MÁS
* REGLAS, REGLAS, Y MÁS REGLAS
* INCLUSO UNAS POCAS REGLAS EXTRAS
* REGLAS SUPLEMENTARIAS
* OTRAS REGLAS MÁS
* MÁS REGLAS
* MÁS REGLAS EXTRA ADICIONALES
* INCLUSO MÁS Y MÁS

REGLAS
* REGLAS EXTRA ADICIONALES
* MÁS Y MÁS REGLAS
* UNAS POCAS REGLAS MÁS EXTRA SUPLEMENTARIAS
* Y REGLAS Y REGLAS
* ALGUNAS POCAS REGLAS MÁS EXTRA BONO AUXILIARES SUPLEMENTARIAS

•Even more extra rules
• Supplementary rules
• Further rules
• Plus additional extra rules
•Even more and more rules
•Extra additional rules
•Further and further rules
•A few more rules
• Extra supplementary rules
•And rules and rules
•Some yet more extra bonus ancillary supplementary rules

—dijo Esdras.

Todo el día escucharon el relato de las maravillosas cosas que Dios había hecho por su pueblo. Cómo hizo el mundo, cómo le dio a Abraham una promesa especial. Cómo los rescató de la esclavitud, cómo le habló a Moisés y les mostró cómo vivir. Cómo los llevó a una tierra especial. Cómo los rescató, pasara lo que pasará, vez tras vez, y vez tras vez, debido a su amor que nunca se acaba, nunca se da por vencido, nunca se rompe, es de siempre y para siempre.

God wants us to be happy," Ezra said.

All day they listened to stories about the wonderful things God had done for his people. How he made the world. How he gave a special promise to Abraham. How he rescued them from slavery. How he spoke to Moses and showed them how to live. How he brought them to a special land. How he rescued them — no matter what, time after time, over and over again — because of his Never Stopping, Never Giving Up, Unbreaking, Always and Forever Love.

Recordaron como Dios siempre había amado a sus hijos, en todos los años; manteniendo su promesa a Abraham, cuidándolos, perdonándolos. Incluso cuando ellos desobedecían. Incluso cuando ellos se alejaban de él. Incluso cuando ellos pensaban que no lo necesitaban.

Entonces Dios les dijo a sus hijos algo más . . .

They remembered how God had always, all through the years, been loving his children — keeping his promise to Abraham, taking care of them, forgiving them.

Even when they disobeyed. Even when they ran away from him. Even when they thought they didn't need him.

Then God told his children something more . . .

No puedo dejar de quererte.
Tú eres el tesoro de mi corazón.
Pero te perdí.
Ahora vuelvo por ti.

Soy como el son que suavemente
brilla sobre ti,
alejando la oscuridad, y el miedo, y la muerte.
Serás muy feliz;
serás como los terneros que corren libres
en un potrero abierto.

Voy a enviarte a mi mensajero: El Prometido.
El que has estado esperando.
El Rescatador.

El viene, así que, ¡prepárate!

I can't stop loving you.
You are my heart's treasure.
But I lost you.
Now I am coming back for you.

I am like the sun that gently shines on you,
chasing away darkness and fear and death.
You'll be so happy —
you'll be like little calves running free
in an open field.

I am going to send my Messenger —The Prom-
ised One.
The One you have been waiting for.
The Rescuer.

He is coming. So, get ready!

Le había llevado siglos al pueblo de Dios prepararse, pero ahora el tiempo casi había llegado para lo mejor del plan de Dios.

Dios mismo iba a venir; no para castigar a su pueblo, sino para rescatarlo.

Dios estaba preparándose para limpiar toda lágrima de todo ojo.

Y la verdadera fiesta estaba a punto de empezar. . . .

It had taken centuries for God's people to be ready,
but now the time had almost come for the best part of God's Plan.

God himself was going to come. Not to punish his people — but to rescue them.

God was getting ready to wipe away every tear from every eye.

And the true party was just about to begin . . .

¡Él esta aquí!

La navidad, de Lucas 1—2

TODO ESTABA LISTO. ¡El momento que Dios había estado esperando había llegado! Dios venía para ayudar a su pueblo, tal como lo había prometido en el principio.

Pero, ¿cómo vendría? ¿Cómo sería? ¿Qué haría?

Las montañas se hubieran arrodillado. Los mares hubieran rugido. Los árboles habrían palmoteando. Pero la tierra contuvo su aliento. Tan silenciosamente como nieve que cae, él vino. Y cuando nadie estaba mirando, en la oscuridad, él vino.

He's here!

The Nativity, from Luke 1 – 2

EVERYTHING WAS READY. The moment God had been waiting for was here at last! God was coming to help his people, just as he promised in the beginning.

But how would he come? What would he be like? What would he do?

Mountains would have bowed down. Seas would have roared. Trees would have clapped their hands. But the earth held its breath. As silent as snow falling, he came in. And when no one was looking, in the darkness, he came.

Había una joven comprometida para casarse con un hombre llamado José. (José era el tátara, tátara, tátara, tataranieto del rey David).

Una mañana la niña estaba dedicada a sus cosas cuando de repente se le apareció un gran guerrero luminoso; justo allí, en su dormitorio. Era Gabriel, y era un ángel, un mensajero especial del cielo.

Cuando vio al hombre reluciente parado allí, María se asustó.

—No tienes que asustarte —dijo Gabriel— ¡Dios está muy contento contigo!

María miró a su alrededor para ver si tal vez el ángel estaba hablando con otra persona.

—María —dijo Gabriel, y se rió con tanta alegría que los ojos de María se llenaron de repente con lágrimas.

There was a young girl who was engaged to a man named Joseph. (Joseph was the great-great-great-great-great grandson of King David.)

One morning, this girl was minding her own business when, suddenly, a great warrior of light appeared —
right there, in her bedroom. He was Gabriel and he was an angel, a special messenger from heaven.

When she saw the tall shining man standing there, Mary was frightened.

"You don't need to be scared," Gabriel said. "God is very happy with you!"

Mary looked around to see if perhaps he was talking to someone else.

"Mary," Gabriel said, and he laughed with such gladness that Mary's eyes filled with sudden tears.

"

—María, vas a tener un hijo. Un bebé. Le pondrás por nombre Jesús. Es el mismo Hijo de Dios. ¡Él es elegido! ¡Él es el Rescatador!

El Dios que colocó a los planetas en el espacio, y los mantiene dando vueltas, y girando, y girando, el Dios que hizo el universo solo con una palabra, y el que puede hacer cualquier cosa, estaba haciéndose pequeño. Y viniendo acá abajo . . . como un bebé.

Espera. ¿Dios enviaba a un bebé para que rescate al mundo?

—¡Pero eso es demasiado maravilloso! —dijo María, y sintió que su corazón se aceleraba—. ¿Cómo puede ser eso?

—¿Hay algo demasiado maravilloso para Dios? —preguntó Gabriel.

Así que María confió en Dios más de lo que sus ojos podían ver. Ella creyó. —Yo soy la criada de Dios —dijo—. Lo que Dios diga, yo lo haré.

Mary, you're going to have a baby. A little boy. You will call him Jesus. He is God's own Son. He's the One! He's the Rescuer!"

The God who flung planets into space and kept them whirling around and around, the God who made the universe with just a word, the one who could do anything at all — was making himself small. And coming
down … as a baby.

Wait. God was sending a baby to rescue the world?

"But it's too wonderful!" Mary said and felt her heart beating hard. "How can it be true?"

"Is anything too wonderful for God?" Gabriel asked.

So Mary trusted God more than what her eyes could see. And she believed. "I am God's servant," she said. "Whatever God says, I will do."

Con certeza, todo pasó tal como el ángel lo había dicho. Nueve meses después María estaba a punto de tener a su Hijo.

Ahora bien, María y José tuvieron que viajar a Belén, la ciudad donde había vivido el rey David. Pero cuando llegaron a la ciudad, hallaron que todo estaba ocupado. Toda habitación estaba ocupada.

Sure enough, it was just as the angel had said. Nine months later, Mary was almost ready to have her baby.

Now, Mary and Joseph had to take a trip to Bethlehem, the town King David was from. But when they reached the little town, they found every room was full. Every bed was taken.

—¡Váyanse! —les dijeron los mesoneros—. No hay lugar para ustedes.

¿Dónde podían quedarse? Pronto nacería el hijo de María.

No pudieron hallar ningún lugar excepto un establo viejo y en ruinas. Así que allí se quedaron, en donde estaban las vacas, y los burros y los caballos.

"Go away!" the innkeepers told them. "There isn't any place for you."

Where would they stay? Soon Mary's baby would come.

They couldn't find anywhere except an old, tumbledown stable. So they stayed where the cows and the donkeys and the horses stayed.

Y allí, en ese establo, entre gallinas, burros y vacas, en la quietud de la noche, Dios le dio al mundo su maravilloso regalo. Nació el bebé que cambiaría al mundo. Su Hijo.

María y José le envolvieron para mantenerlo abrigado. Prepararon una cama suave de paja, y usaron un comedero como cuna. Entonces contemplaron maravillados el gran don de Dios, envuelto en pañales, y acostado en un pesebre.

María y José le pusieron por nombre Jesús, «Emanuel», que quiere decir «Dios ha venido a vivir con nosotros».

Porque, por supuesto, había venido.

And there, in the stable, amongst the chickens and the donkeys and the cows, in the quiet of the night, God gave the world his wonderful gift. The baby that would change the world was born. His baby Son.

Mary and Joseph wrapped him up to keep him warm. They made a soft bed of straw and used the animals' feeding trough as his cradle. And they gazed in wonder at God's Great Gift, wrapped in swaddling clothes, and lying in a manger.

Mary and Joseph named him Jesus, "Emmanuel" — which means "God has come to live with us."

Because, of course, he had.

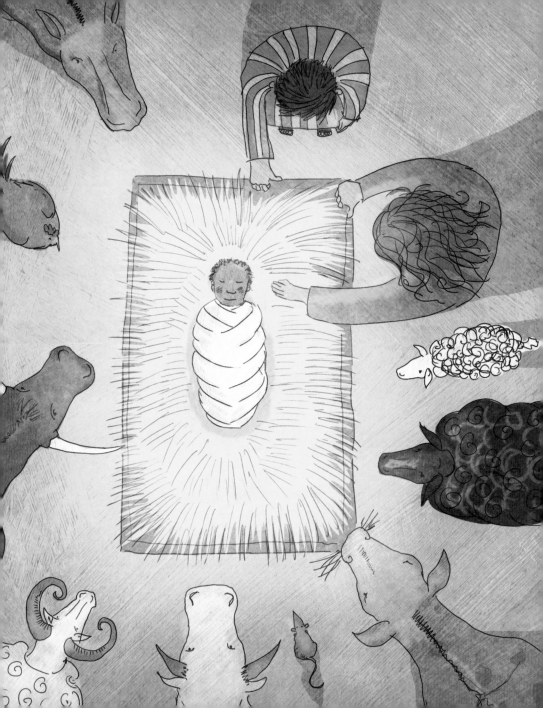

La luz del mundo entero

La historia de los pastores, de Lucas 2

ESA MISMA NOCHE, entre las otras estrellas, de repente apareció una nueva estrella brillante. De todas las estrellas de la oscura bóveda de los cielos, esta brillaba más. Relucía en la noche, y hacía que las otras estrellas parezcan pálidas.

Dios la puso allí cuando nació su Hijo; para que sea como reflector; brillando sobre él. Iluminando la oscuridad. Mostrándoles a las personas el camino a él.

Como ves, Dios, como nuevo papá, no podía guardarse para sí mismo las buenas noticias. Había estado esperando este momento por largos años, y ahora quería decírselo a todos.

The Light of the whole world

The story of the shepherds, from Luke 2

THAT SAME NIGHT, in amongst the other stars, suddenly a bright new star appeared. Of all the stars in the dark vaulted heavens, this one shone clearer. It blazed in the night and made the other stars look pale beside it.

God put it there when his baby Son was born —
to be like a spotlight. Shining on him. Lighting up the darkness. Showing people the way to him.

You see, God was like a new daddy — he couldn't keep the good news to himself. He'd been waiting all these long years for this moment, and now he wanted to tell everyone.

Así que no escatimó esfuerzo. Envió a un ángel para que le dijera a María las buenas noticias. Puso una estrella en el cielo para mostrar dónde estaba su Hijo. Ahora iba a enviar un gran coro de ángeles para que entonen su canto alegre al mundo: ¡Él está aquí! ¡Él ha venido! Vayan a verle. Es mi Hijo.

Ahora, ¿adónde enviaría uno un coro tan espléndido? ¿Tal vez a un gran salón de conciertos? ¿O tal vez a un palacio? Dios envió a su coro a una pequeña ladera en las afueras de un pueblito, en medio de la noche. Envió a esos ángeles para que le canten a un grupo de pastores desarrapados que cuidaban sus ovejas en las afueras de Belén.

En esos días, recuerda, la gente solía reírse de los pastores, y decían que apestaban, y les decían otros insultos (que yo no podría mencionar aquí). Como ves, la gente pensaba que los pastores eran don nadies, simplemente chusma mugrosa.

Pero Dios debe haber pensado que los pastores eran en verdad muy importantes, porque fueron los que él escogió para decir primero las buenas noticias.

Esa noche algunos pastores estaban en el campo abierto, calentándose junto a una fogata, cuando de repente las ovejas salieron corriendo disparadas. Algo las asustó. Las hojas de los olivos susurraron. ¿Qué fue eso? . . . ¿un aleteo?

So he pulled out all the stops. He'd sent an angel to tell Mary the good news. He'd put a special star in the sky to show where his boy was. And now he was going to send a big choir of angels to sing his happy song to the world: *He's here! He's come! Go and see him. My little Boy.*

Now where would you send your splendid choir? To a big concert hall maybe? Or a palace perhaps? God sent his to a little hillside, outside a little town, in the middle of the night. He sent all those angels to sing for a raggedy old bunch of shepherds watching their sheep outside Bethlehem.

In those days, remember, people used to laugh at shepherds and say they were smelly and call them other rude names (which I can't possibly mention here). You see, people thought shepherds were nobodies, just scruffy old riff-raff.

But God must have thought shepherds were very important indeed, because they're the ones he chose to tell the good news to first.

That night some shepherds were out in the open fields, warming themselves by a campfire, when suddenly the sheep darted. They were frightened by something. The olive trees rustled. What was that…
A wing beat?

Se volvieron. De pie frente a ellos había un gigantesco guerrero luminoso, reluciendo en la oscuridad. —¡No tengan miedo! —les dijo el hombre brillante—. No he venido para hacerles daño. He venido para traerles las noticias felices para todos, en todas partes. Hoy, en la ciudad de David, en Belén, ¡ha nacido el Hijo de Dios! ¡Pueden ir a verle; está durmiendo en un establo.

Detrás del ángel vieron una nube reluciente y extraña; excepto que no era una nube, eran ángeles . . . montones y montones de ángeles, ¡todos brillando con luz! Y estaban cantando un canto precioso: «¡Gloria Dios! ¡A Dios sea la fama, el honor, y todos los hurras!».

Luego, tan repentinamente como habían aparecido, los ángeles se fueron. Los pastores apagaron el fuego, dejaron sus ovejas, bajaron corriendo la colina, pasaron por las puertas de Belén, por las estrechas calles empedradas, a un patio, bajaron algunos escalones, pasos, y más pasos, pasaron un mesón, dieron vuelta por una esquina, pasaron un cerco, hasta que al fin, llegaron . . . a un establo en ruinas.

They turned around. Standing in front of them was a huge warrior of light, blazing in the darkness. "Don't be afraid of me!" the bright shining man said. "I haven't come to hurt you. I've come to bring you happy news for everyone everywhere. Today, in David's town, in Bethlehem, God's Son has been born! You can go and see him. He is sleeping in a manger."

Behind the angel they saw a strange glowing cloud — except it wasn't a cloud, it was angels . . . troops and troops of angels, armed with light! And they were singing a beautiful song: "Glory to God! To God be Fame and Honor and all our Hoorays!"

Then as quickly as they appeared, the angels left.

The shepherds stamped out their fire, left their sheep, raced down the grassy hill, through the gates of Bethlehem, down the narrow cobble streets, through a courtyard, down some step, steps, steps, past an inn, round a corner, through a hedge, until, at last, they reached . . . a tumbledown stable.

Recuperaron su aliento. Entonces, en silencio, entraron de
puntillas.

Se arrodillaron sobre el suelo
de tierra. Habían oído de este
Niño prometido y ahí estaba él.
El Hijo del cielo. El que hizo las
estrellas. Un bebé durmiendo en
los brazos de su madre.

Este Nené sería como esa
estrella brillante que resplan-
decía en el cielo esa noche. Una
luz para iluminar todo el mundo.
Alejando la oscuridad. Ayudando
a la gente a ver. Y mientras más
negra sea la noche, más brillante
brillaría la estrella.

—————————————

They caught their breath.
Then quietly, they tiptoed inside.

They knelt on the dirt floor.
They had heard about this Prom-
ised Child and now he was here.
Heaven's Son. The Maker of the
Stars. A baby sleeping in his
mother's arms.

This baby would be like that
bright star
shining in the sky that night.
A Light to light up the whole
world. Chasing away
darkness. Helping
people to see.

And the darker
the night got, the
brighter the star
would shine.

El Rey de todos los reyes

El cuento de los tres sabios, de Mateo 2

Muy lejos, en el Oriente, tres hombres muy inteligentes vieron la misma estrella. La estrella que Dios había puesto en el cielo cuando Jesús nació. Sabían que era una señal. Había nacido un bebé rey.

Habían estado esperando esta estrella. Sabían que vendría.

«¡Él ya ha venido!» gritaron. «¡Ha venido!» (y estoy seguro de que si tú hubieras estado allí, los habrías oído reírse, y danzar, y cantar hasta que salió el sol).

Al amanecer, cargaron sus camellos y envolvieron regalos para el nene. Le llevarían sus tesoros más preciosos: incienso, oro y mirra. Cosas especiales, brillantes, olorosas, relucientes; justo para un rey.

The King of all kings

The story of the three Wise Men, from Matthew 2

Far away, in the East, three clever men saw the very same star. The star that God had put in the sky when Jesus was born. They knew it was a sign. A baby king had been born.

They had been waiting for this star. They knew it would come.

"He's here!" they shouted. "He's here!" (And I'm sure if you'd been there, you would have heard them laughing and dancing and singing until the sun came up!)

At dawn, they packed up their camels and wrapped gifts for the baby. They brought their most precious treasures of all: frankincense, gold, and myrrh. Special, sparkly, lovely-smelling, gleaming things — just right for a king.

193

Los tres sabios (en realidad, si los hubieras conocido, habrías pensado que eran reyes, porque eran tan ricos, inteligentes, y se veían muy importantes) emprendieron el viaje.

The three Wise Men (actually, if you'd met them, you'd have thought they were kings because they were so rich and clever and important looking) set off.

Iban montados en sus camellos . . .   They rode their camels . . .

Cruzando interminables desiertos . . .   Across endless deserts . . .

Subiendo montañas muy empinadas . . .   Up steep, steep mountains . . .

Bajando a valles profundos, profundos . . . Down into deep, deep valleys . . .

Cruzando ríos correntosos . . .   Through raging rivers . . .

Cruzando praderas de hierba . . .   Over grassy plains . . .

noche y día, y día y noche, por horas, que se convirtieron en días, que se convirtieron en semanas, que se convirtieron en meses y meses, hasta que, por fin, llegaron a . . .
Jerusalén.

night and day, and day and night, for hours that turned into days, that turned into weeks, that turned into months and months, until, at last, they reached . . .
Jerusalem.

Jerusalén era por mucho la ciudad más importante por kilómetros a la redonda y, como cualquiera podía decirlo, allí había un palacio, y los reyes nacen en palacios. Así que allá fueron. Pero les esperaba una sorpresa.

Fueron a ver al rey Herodes. Con certeza él sabría dónde estaba el niño.

Pero Herodes no lo sabía. Es más, no le gustó que se hablara de un nuevo rey; y eso lo hizo enojarse. No quería que nadie sea rey, excepto él mismo.

Pero los consejeros de Herodes les dijeron a los tres sabios lo que estaba escrito en sus libros; lo que Dios había dicho en cuanto al bebé rey: «Vayan a Belén. Allí le hallarán».

De repente, la estrella que habían visto en el Oriente, empezó a moverse de nuevo, mostrándoles el camino. Así que los tres sabios siguieron a la estrella y salieron de la ciudad grande, por el camino, al pueblito de Belén. Siguieron a la estrella por las calles de Belén, saliendo de la parte buena de la ciudad, a la parte no tan... buena de la ciudad,

Jerusalem was by far the most important city for miles around and, as anyone can tell you, that's where a palace would be and kings are born in palaces. So that's where they went. But they were in for a surprise.

They went to see King Herod. Surely he'd know where this baby was.

But he didn't. In fact, he didn't like the sound of a new king — it made him cross. He didn't want anyone to be king, except him.

But Herod's advisors told the three Wise Men what was written in their books — what God had said about the baby king: "Go to Bethlehem. That's where you'll find him."

Suddenly the star they had seen in the East started moving again, showing them the way. So the three Wise Men followed the star out of the big city, along the road, into the little town of Bethlehem. They followed the star through the streets of Bethlehem, out of the nice part of town, through the not-so-nice part of town, into the...

a una parte en realidad nada buena de la ciudad, por un sendero de tierra, hasta que se detuvo justo encima de . . . una casita.

Pero espera. No era un palacio. Y no había guardias. Ni criados. Ni banderas. Ni alfombras rojas. Ni trompetas. Ni nada. ¿Se habrían equivocado? O, ¿era esto lo que Dios quería decir?

really-not-nice-at-all part of town, down a little dirt track, until it stopped right over . . . a little house.

But wait. It wasn't a palace. And there weren't any guards. Or servants. Or flags. Or red carpets. Or trumpets. Or anything. Did they get it wrong?

Or was this what God meant?

Con certeza, en esa casita, allí, sentado en las rodillas de su madre, le hallaron. El bebé rey.

Los tres hombres se arrodillaron ante el pequeño rey. Se quitaron sus elegantes turbantes reales y sus relucientes coronas de oro. Inclinaron sus nobles cabezas hasta el suelo y le dieron sus tesoros relucientes.

El viaje que había empezado muchos siglos antes había llevado a esos tres sabios allá. A un pueblito. A una casita. A un niño pequeño.

Al Rey que Dios le había prometido a David muchos años antes.

Pero este niño era una nueva clase de rey. Aunque era Príncipe del cielo, se había hecho pobre. Aunque era Dios poderoso, se había convertido en un nene indefenso. Este Rey no había venido para ser jefe. Había venido para ser siervo.

Sure enough, in that little house — there, sitting on his mother's knee — they found him. The baby King.

The three men knelt before the little King. They took off their rich royal turbans and gleaming,
 golden crowns. They bowed their noble heads to the ground and gave him their sparkling treasures.

The journey that had begun
so many centuries before had
led three Wise Men here. To a little town. To a little house.
To a little child.

To the King God had promised David all those years before.

But this child was a new kind of king. Though he was the Prince of Heaven, he had become poor. Though he was the Mighty God, he had become a helpless baby. This King hadn't come to be the boss. He had come to be
a servant.

El cielo se abre

El cuento de Juan el Bautista, de Mateo 3,
Lucas 1, 3; Juan 1

MÁS O MENOS AL MISMO TIEMPO en que Jesús nació, nació otro niño. Le pusieron por nombre Juan, y Dios tenía una tarea especial para él. Juan iba a preparar a todos para Jesús.

El día en que nació Juan, su papá supo que la promesa de Dios a Abraham se hacía realidad; Dios estaba enviando al Rescatador. Estaba tan contento que cantó una canción:

Debido a que Dios nos ama con un amor
que nunca se acaba, que nunca se rompe,
que es de siempre y para siempre.
¡El cielo se abre!
Dios está enviando una Luz del cielo
para que brille sobre nosotros como el sol
para que brille sobre los que viven en
oscuridad
y en la sombra de la muerte
para guiar nuestros pasos en el camino de
paz.

Heaven breaks through

The story of John the Baptist, from Matthew 3,
Luke 1, 3; John 1

ABOUT THE SAME TIME Jesus was born, another baby was born. His name was John, and God had a special job for him. John was going to get everyone ready for Jesus.

The day John was born, his dad knew God's promise to Abraham was coming true — God was sending the Rescuer. And he was so happy he sang a song:

Because God loves us with a Never Stopping,
Never Giving Up, Unbreaking,
Always and Forever Love —
Heaven is breaking through!
He is sending us a Light from Heaven
To shine on us like the sun
To shine on those who live in darkness
And in the shadow of death
To guide our feet into the way of peace.

Así que Juan creció y, pues bien, a decir verdad, era algo extraño. Vivía en el desierto. Se ponía ropa peluda, hecha de piel de camello. Tenía una barba grande, grande, y desarreglada, y pelo igualmente largo, y despeinado. Y esto es lo más extraño de todo: comía langostas (que eran un tipo de saltamontes grandes, crujientes), que mojaba en miel (probablemente para disfrazar el sabor).

So John grew up and — well, to tell you the truth, he was a bit unusual. He lived in the desert. He wore itchy-scratchy outfits made of camel hair. He had a big, big, bushy beard and long, long, scraggly hair. And here is the oddest thing of all — he only ate locusts (short for big, creepy, crunchy, grasshoppers), which he dipped in honey (to disguise the taste, probably).

Pero Dios envió a Juan a que le dijera a su pueblo algo importante: «Dejen de huir de Dios y más bien acérquense a él», decía Juan. «Ustedes necesitan ser rescatados. Tengo buenas noticias: ¡el Rescatador viene! Alisten sus corazones para él. ¡Sí! Alístense, porque el Rey vuelve por ustedes».

But God sent John to tell his people something important: "Stop running away from God and run to him instead," John said. "You need to be rescued. I have good news — the Rescuer is coming! Make your hearts ready for him. Yes! Get ready, because your King is coming back for you."

Grandes multitudes escuchaban a Juan. Lamentaban los pecados que habían cometido, y querían dejar de alejarse de Dios. Querían ser rescatados. Así que Juan los bautizaba; lo que quiere decir que los sumergía en el agua y después los sacaba. Eso mostraba que ellos querían seguir a Dios y empezar una nueva vida.

Great crowds listened to John. They were sorry they had sinned, and they wanted to stop running away from God. They wanted to be rescued. So John baptized them — which means he plunged them in and out of the water. It showed that they wanted to follow God and begin a new life.

Un día Juan estaba bautizando a la gente en el río Jordán como de costumbre, cuando alzó la vista y vio a un hombre que se acercaba por la orilla del agua.

Dios le habló en silencio a Juan: «¡Este es el elegido!»

El corazón de Juan se sobresaltó. Este era el momento que había estado esperando toda su vida.

One day, John was baptizing people in the Jordan River as usual when he looked up and saw a man walking down to the water's edge.

God spoke quietly to John, "This is the One!"

John's heart leapt. This was the moment he'd been waiting for all his life.

—Miren —dijo Juan, mientras Jesús descendía al agua. Pero su voz salió como susurro. No pudo hablar más fuerte. Fue todo lo que pudo hacer para incluso decir. El Cordero de Dios . . . el mejor Cordero de Dios . . . que quita el pecado del mundo.

—¿Puedes bautizarme a mí, también? —preguntó Jesús.

—¿Quién soy yo —preguntó Juan—, para bautizarte a ti?

—Es lo que Dios quiere que haga, —dijo Jesús.

Así que Juan bautizó a Jesús.

De repente, fue como si alguien hubiera corrido la cortina en un cuarto oscuro, como si el mismo cielo se hubiera abierto, porque una hermosa luz se abrió paso por entre las nubes y brilló sobre Jesús, recubriéndolo de luz dorada. Las gotas de agua relucieron y brillaron como pequeños diamantes en su pelo.

Una paloma blanca llegó volando y se posó suavemente sobre Jesús.

Y una voz vino del cielo. Era clara, y fuerte, y todos pudieron oírla. «Este es mi Hijo amado. Yo lo quiero. Estoy muy complacido con él», dijo Dios. «Escúchenle».

El cielo se había abierto.

El gran rescate había empezado . . .

"Look," John said, as Jesus came down into the water. But his voice came out as a whisper. He couldn't make it any louder. It was all he could do to even speak. "The Lamb of God . . . God's best lamb . . . who takes away the sins of the whole world."

"Will you baptize me, too?" Jesus asked.

"Who am I," John asked, "to baptize you?"

"It's what God wants me to do," Jesus said.

So John baptized Jesus.

Suddenly, it was as if someone had drawn back curtains in a dark room, as if heaven itself had opened, because a beautiful light broke through the clouds and shone down on to Jesus, bathing him in gold. Beads of water glittered and sparkled like tiny diamonds in his hair.

A white dove flew down and gently rested on Jesus.

And a voice came down from heaven. It was clear and strong and loud so everyone could hear. "This is my own Son. And I love him. I am very pleased with him," God said. "Listen to him."

Heaven had broken through.

The Great Rescue had begun…

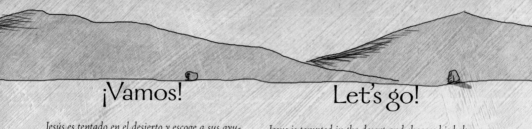

¡Vamos!

Jesús es tentado en el desierto y escoge a sus ayudantes, de Mateo 4, Marcos 1, Lucas 4 – 6

DESPUÉS DE QUE JESÚS FUE BAUTIZADO, se fue derecho al desierto. Eso puede parecer un lugar extraño a donde ir porque, como sabes, los desiertos son muy calientes, y no hay ni comida, ni agua, ni lugares donde quedarse. Pero Jesús necesitaba alejarse, e irse a algún lugar tranquilo donde poder estar a solas. Necesitaba estar con su Padre celestial para prepararse para su nueva vida.

En el desierto Jesús pensaba en el plan secreto de rescate que había hecho con Dios. Antes de la fundación del mundo, ambos sabían lo que suce-dería. Para rescatar a los hijos de Dios, Jesús tendría que morir. No había otro camino. Para eso había venido.

Ahora, aquel viejo enemigo, el que le había hablado por medio de una serpiente a Adán y Eva, allá en el huerto, ¿lo recuer-das? él no quería que Jesús rescatara al pueblo de Dios. Así que le mintió a Jesús. —¿Eres en realidad el Hijo de Dios?

Let's go!

Jesus is tempted in the desert and chooses his helpers, from Matthew 4, Mark 1, Luke 4 – 6

AFTER JESUS WAS BAPTIZED, he went straight out into the desert. That might seem like an odd place to go because, as you know, deserts are very hot, and there isn't any food or water or places to stay. But Jesus needed to get away by himself and be somewhere quiet and lonely. He needed to be with his heavenly Father to get ready for his new life.

In the desert, Jesus thought about the Secret Rescue Plan he had made with God. Before the foundation of the world, they both knew what would have to happen. To rescue God's children, Jesus would have to die. There was no other way. It was the reason he had come.

Now, that old enemy — the one who had spoken through the snake to Adam and Eve, back in the garden, remember him? — he didn't want Jesus to rescue God's people. So he lied to Jesus. "Are you really God's own Son?"

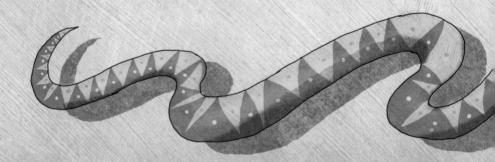

—dijo en voz baja—. Pobrecito. Dios no debe quererte. No tienes por qué morir. Hazlo a mi manera. Sí, y . . .

—¡No! —le dijo Jesús al mentiroso—. Yo haré lo que Dios dice.

Y desde ese momento en adelante, nunca nada más sería lo mismo.

Jesús no fue como Adán. Jesús era una nueva clase de hombre. Él no iba a creer la terrible mentira que el enemigo dijo. Jesús sabía que Dios lo amaba, e iba a confiar en Dios. Cueste lo que cueste.

Era tal como Dios le había prometido a Adán y Eva todos esos años antes. Jesús había venido para batallar contra la obra de la serpiente. Él acabaría con el pecado y la oscuridad, y las lágrimas. Y sufriría; pero él ganaría.

he whispered. "Poor you. God must not love you. You don't need to die. Do it my way.
Yes and —"

"No!" Jesus said to the liar. "I will do what God says."

And from that moment on, nothing would ever be the same.

Jesus wasn't like Adam. Jesus was a new kind of man. He would not believe the terrible lie that the enemy spoke. Jesus knew God loved him. And he would trust God. No matter what.

It was just as God had promised to Adam and Eve all those years before. Jesus had come to do battle against the snake's work. He would get rid of the sin and the darkness and the tears. And he would
suffer — but he would win.

Jesus left the desert and set about the Great Rescue. He was going to get God's people back.

Jesús dejó el desierto y se dispuso al gran rescate. Iba a recuperar al pueblo de Dios.

Pero primero necesitaba buscar algunos ayudantes y amigos. Tenía mucho que hacer. Necesitaría personas que le ayudasen.

¿Quiénes serían buenos ayudantes, según piensas? ¿Gente lista? ¿Gente rica? ¿Algunos fuertes e importantes? Algunos piensan así, pero estoy seguro que a estas alturas no necesitas que te diga que se equivocan. Porque las personas que Dios usa no tienen que saber mucho, ni hacer muchas cosas; solo tienen que necesitar mucho de él.

Un día Jesús andaba por el Mar de Galilea cuando vio a algunos hermanos y amigos remendando redes. Eran pescadores.

Jesús los llamó: —¡Vamos!

But first he needed to find some helpers and friends. He had a lot to do. He would need some people to help him.

Who would make good helpers, do you think? Clever ones? Rich ones? Strong, important ones? Some people might think so, but I'm sure by now you don't need me to tell you they'd be wrong. Because the people God uses don't have to know a lot of things, or have a lot of things — they just have to need him a lot.

One day, Jesus was walking by the Sea of Galilee when he saw some brothers and friends mending their nets. They were poor fishermen.

Jesus called out to them, "Let's go!"

211

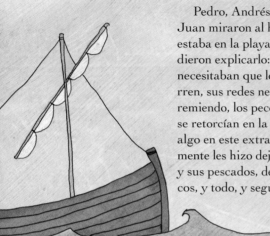

Pedro, Andrés, Jacobo y Juan miraron al hombre que estaba en la playa. Y no pudieron explicarlo: sus barcos necesitaban que los amarren, sus redes necesitaban remiendo, los peces todavía se retorcían en la orilla. Pero algo en este extraño simplemente les hizo dejar sus redes y sus pescados, dejar sus barcos, y todo, y seguirle.

Peter, Andrew, James, and John looked up at this man on the shore. And they couldn't explain it: their boats needed to be put away, their nets needed mending, fish were still wriggling on the shore. But something about this stranger made them just drop their nets and their fish, leave their boats — and everything — and follow him.

Este Dios-Hombre no era como nadie que hubieran conocido. Cuando miraron a Jesús, sus corazones se llenaron de una felicidad maravillosa, para siempre, y por dentro fue como si estuvieran corriendo libres en un campo abierto.

Jesús le pidió a 12 hombres que sean sus ayudantes: Pedro, Andrés, Jacobo, y Juan, Mateo, Felipe, Bartolomé, Tomás, otro Jacobo, Simón, Tadeo y Judas.

Conocer a Jesús los cambiaría a ellos para siempre.

This God-Man was like no one they had ever met. When they looked at Jesus, their hearts filled up with a wonderful, forever sort of happiness and inside it was as if they were running free in an open field.

Jesus asked 12 men to be his helpers: Peter, Andrew, James, and John, Matthew, Philip, Bartholomew, Thomas, another James, Simon, Thaddaeus, and Judas.

Meeting Jesus would change all of them forever.

Una niñita y una pobre mujer enferma

La historia de la hija de Jairo, de Lucas 8

HUBO UNA VEZ UNA niñita que no se levantó de la cama una mañana, ni la siguiente, ni la siguiente. Es más, no se levantó de la cama por un mes entero. Estaba muy enferma, y nadie sabía cómo hacer que se mejore.

Jairo era su papá, y la quería mucho. Un día él estaba sentado junto a su cama, sosteniéndole la mano, deseando que hubiera algo que pudiera hacer: «¡Ya sé!». Se puso de pie de un salto, tomó su abrigo, besó a su hija, y bajó corriendo las escaleras, por los escalones, dejando atrás a sus criados, y salió de la casa . . . por las puertas, por el camino, a la ciudad, escalones, pasos, pasos, y al templo.

Se abrió paso por entre la gente hasta que, por fin, halló lo que estaba buscando.

A little girl and a poor frail lady

The story of Jairus' daughter, from Luke 8

THERE WAS ONCE a little girl who didn't get out of bed one morning, or the next, or the next. In fact, she didn't get out of bed for a whole month. She was very sick and no one knew how to make her better.

Jairus was her daddy and he loved her. One day, he was sitting by her bed, holding her hand, wishing there was something he could — "I know!" He jumped to his feet, put on his coat, kissed his daughter, ran down the step, step, steps, past the servants, out of the house … through the gates, along the road, into the town, up the step, step, steps, and into the temple.

He fought his way through all the people until, at last, he found who he was looking for.

—¡Jesús! —dijo, arrodillándose a los pies de Jesús—. Mi hija, —suplicó—. Por favor . . .

Pero no tenía que rogar porque, incluso antes de que terminara de hablar, Jesús extendió su mano y lo levantó. —Voy al momento —dijo Jesús.

Los ojos de Jairo se llenaron de lágrimas. Jesús iría. Todo estaría bien.

En esos días, por supuesto, no tenían ambulancias, así que tuvieron que caminar. Los ayudantes de Jesús sabían que él sanaría a la niña enferma; pero debían apurarse. Si Jesús no llegaba pronto, sería muy tarde.

"Jesus!" he said, falling at Jesus' feet. "My daughter," he pleaded. "Please — "

But he didn't need to beg because, before he'd even finished speaking, Jesus reached out his hand and helped him up. "I'll come at once," Jesus said.

Jairus' eyes filled with tears. Jesus was coming. It would be all right.

In those days, of course, they didn't have ambulances so they had to go by foot. Jesus' helpers knew that he would heal the sick girl — but they must hurry. If Jesus didn't get there soon, it would be too late.

Pero todos estaban en el camino.
Apurados y ajetreados. Empujándose y
empujando. Apretujándose y abriéndose
paso. Los discípulos se adelantaron
corriendo, obligando a la multitud a que
abriera paso.

De repente Jesús se detuvo. Sus
amigos miraron hacia atrás. ¿Que
estaba haciendo él?

—¿Quién me ha tocado? —preguntó
Jesús, porque sintió que de él salió
poder.

—Yo —dijo una mujer enferma
mirando al suelo porque estaba muy
avergonzada. La pobre mujer había
estado enferma por doce años, y tenía
que sanarse. Sabía que si tan solo
lograba tocar el vestido de Jesús, que-
daría sana. Así que le tocó el vestido y al
instante se sanó.

But everyone was in the way. Hus-
tling and bustling. Jostling and press-
ing. Pushing and shoving. Squishing
and squashing. The disciples ran ahead,
forcing back the crowd.

Suddenly, Jesus stopped. His friends
looked back. What was
he doing?

"Who touched me?" Jesus asked,
because he felt power go out of him.

"Me," said a frail lady looking down
at the ground because she was ashamed.
The poor lady had been sick for twelve
years and she had to get well. She knew
if she only touched Jesus' coat, she
would be healed. So she touched his
coat and instantly she was well.

—¡No tenemos tiempo! —dijeron los amigos de Jesús.

Pero Jesús siempre tenía tiempo. Extendió la mano y con gentileza le levantó la cabeza. Le miró a los ojos y le sonrió. —Creíste —dijo, limpiándole una lágrima de los ojos—, y ahora estás sana.

Justo entonces el criado de Jairo llegó corriendo: —Es demasiado tarde, —dijo sin aliento—. Tu hija ya murió.

Jesús se volvió a Jairo: —No es demasiado tarde —dijo Jesús—. Confía en mí.

En la casa de Jairo todos estaban llorando. Jesús dijo: —Voy a despertarla. Todos se rieron de él porque sabían que la niña estaba muerta.

"We don't have time!" Jesus' friends said.

But Jesus always had time. He reached out his hands and gently lifted her head. He looked into her eyes and smiled. "You believed," he said, wiping a tear from her eye, "and now you are well."

Just then, Jairus' servant rushed up to Jairus. "It's too late," he said breathlessly. "Your daughter is dead."

Jesus turned to Jairus. "It's not too late," Jesus said. "Trust me."

At Jairus' house, everyone was crying. But Jesus said, "I'm going to wake her up." Everyone laughed at him because they knew she was dead.

Jesús entró al dormitorio de la niña. Y allí, acostada en una esquina, en la penumbra, estaba la figura inmóvil. Jesús se sentó en la cama y le tomó de la mano pálida.

—Muchacha —dijo—, es hora de levantarse. —Y extendió su mano y con gentileza trajo a la niña de nuevo a la vida.

La niñita se despertó, se frotó los ojos como si acabara de haber dormido muy bien toda la noche, y se levantó de la cama.

Jesús abrió las cortinas y la luz del sol inundó el cuarto oscuro. —¿Tienes hambre? —le preguntó. Ella asintió.

Jesús llamó a la familia: —¡Tráiganle a esta niña algo para almorzar!

Jesús ayudó y sanó a muchos, como a estas personas. Hizo a los ciegos ver. Hizo a los sordos oír. Hizo a los cojos andar.

Jesús estaba haciendo que las cosas tristes se corrijan.

Estaba remendando el mundo roto de Dios.

Jesus walked into the little girl's bedroom. And there, lying in the corner, in the shadows, was the still little figure. Jesus sat on the bed and took her pale hand.

"Honey," he said, "it's time to get up." And he reached down into death and gently brought the little girl back to life.

The little girl woke up, rubbed her eyes as if she'd just had a good night's sleep, and leapt out of bed.

Jesus threw open the shutters and sunlight flooded the dark room. "Hungry?" Jesus asked. She nodded.

Jesus called to her family, "Bring this little girl some breakfast!"

Jesus helped and healed many people, like this. He made blind people see. He made deaf people hear. He made lame people walk.

Jesus was making the sad things come untrue.

He was mending God's broken world.

Cómo orar

Jesús enseña a la gente sobre la oración; paráfrasis del Padrenuestro de Mateo 6

EN ESOS DÍAS HABÍA unos cuantos súper extra santos (por lo menos eso es lo que ellos pensaban), que se llamaban «fariseos». Todos los días se paraban en plena calle, oraban en voz muy alta, con voz súper extra santa. En realidad no estaban orando sino simplemente haciendo teatro. Usaban muchas palabras especiales, tan ingeniosas que nadie entendía lo que querían decir. Los que pasaban se detenían y se quedaban viéndoles, lo que pudiera parecer grosero; excepto que era exactamente lo que los súper extra santos querían. Querían que todos dijeran: «Mírenlos. Son muy santos. Dios debe amar mucho a esas personas». Ahora bien, tú y yo sabemos que se equivocaban; Dios no solo ama a los santos. Pero la gente que pasaba por allí no estaba tan segura. Tal vez uno en efecto tenía que ser realmente ingenioso, o bueno, o importante para que Dios lo amara. Tal vez uno tenía que saber un montón de palabras difíciles, ingeniosas, para hablar con Dios.

How to pray

Jesus teaches people about prayer; paraphrase of The Lord's Prayer, from Matthew 6

IN THOSE DAYS there were some Extra-Super-Holy People (at least that's what they thought), and they were called "Pharisees." Every day, they would stand out there in the middle of the street and pray out loud in big Extra-Super-Holy Voices. They really weren't praying so much as just showing off. They used lots of special words that were so clever, no one understood what they meant.

People walking by would stop and stare, which might sound rude — except that's exactly what the Extra-Super-Holy People wanted. They wanted everyone to say, "Look at them. They're so holy. God must love those people best."

Now, you and I both know they were wrong —God doesn't just love holy people. But the people walking by weren't so sure. Perhaps you did have to be really clever, or good, or important for God to love you. Perhaps you had to know lots of difficult, clever words to speak to God.

Así que un día Jesús enseñó a la gente cómo orar. Dijo: «Cuando oren, no oren como esos súper extra santos. Ellos piensan que si dicen muchas palabras, Dios va a oírlos. Pero Dios los oye a ustedes no porque sean ingeniosos, ni buenos, ni importantes. Dios los oye porque los quiere.

»¿Sabían que Dios siempre está escuchándolos? ¿Sabían que Dios puede oír el susurro más suave muy dentro del corazón, incluso antes de que empiecen a decirlo? Porque Dios sabe exactamente lo que necesitan, incluso antes de que se lo pidan», les dijo Jesús.

«Como ven, Dios simplemente no puede esperar para darles todo lo que necesitan. Así que no necesita usar palabras grandes o especiales. No necesitan usar una voz especial. Simplemente tienen que hablar.

»Así que, cuando oren, oren en su voz normal, tal como si estuvieran conversando con alguien que los quiere mucho.
Como esto:

So one day, Jesus taught people how to pray. He said, "When you pray, don't pray like those Extra-Super-Holy People. They think if they say lots of words, God will hear them. But it's not because you're so clever, or good, or so important, that God will listen to you. God listens to you because he loves you.

"Did you know that God is always listening to you? Did you know that God can hear the quietest whisper deep inside your heart, even before you've started to say it? Because God knows exactly what you need even before you ask him," Jesus told them.

"You see, God just can't wait to give you all that you need. So you don't need to use long words or special words. You don't have to use a special voice. You just have to talk.

"So when you pray, pray in your normal voice, just like when you're talking to someone you love very much.
Like this …

¡Hola, Papíto!
Queremos conocerte;
y estar cerca de ti.
Por favor, muéstranos cómo.
Endereza de nuevo todo lo torcido de este mundo;
y también de nuestros corazones, .
Haz lo mejor; tal como lo haces en el cielo,
y, por favor, hazlo acá abajo, también.
Por favor, danos todo lo que necesitamos hoy.
Perdónanos cuando hacemos lo malo, y te lastimamos.
Perdónanos, tal como nosotros perdonamos a otros
cuando nos hacen daño.
¡Rescátanos! Te necesitamos.
No queremos seguir huyendo
y escondiéndonos de ti.
Guárdanos de nuestros enemigos.
Tú eres fuerte, Dios.
Tú puedes hacer todo lo que quieres.
Tú estás a cargo.
¡Ahora, y para siempre, y siempre!
¡Pensamos que eres grandioso!
¡Amén!
¡Sí, eso pensamos!»

Hello Daddy
We want to know you.
And be close to you.
Please show us how.
Make everything in the world right again.
And in our hearts, too.
Do what is best — just like you do in heaven,
And please do it down here, too.
Please give us everything we need today.
Forgive us for doing wrong, for hurting you.
Forgive us just as we forgive other people
when they hurt us.
Rescue us! We need you.
We don't want to keep running away
and hiding from you.
Keep us safe from our enemies.
You're strong, God.
You can do whatever you want.
You are in charge.
Now and forever and for always!
We think you're great!
Amen!
Yes we do!

Cómo ves, Jesús estaba mostrándoles a las personas que Dios siempre las quiere; con un amor que nunca se acaba, nunca se da por vencido, nunca se rompe, que es de siempre y para siempre.

Así que ya no necesitaban esconderse, ni tener miedo, ni avergonzarse. Podían dejar de alejarse de Dios. Más bien podían correr a él.

Como una niñita corre a los brazos de su papá.

You see, Jesus was showing people that God would always love them — with a Never Stopping, Never Giving Up, Unbreaking, Always and Forever Love.

So they didn't need to hide anymore, or be afraid, or ashamed. They could stop running away from God. And they could run to him instead.

As a little child runs into her daddy's arms.

227

El cantor

El Sermón del Monte, de Mateo 6, 9 y Lucas 12

A DONDEQUIERA QUE JESÚS iba, iba también mucha gente. Les encantaba estar con él. Viejos, jóvenes, toda clase de personas venían para ver a Jesús. Enfermos, sanos, gente contenta, gente triste, y gente preocupada. Muchos. Preocupados por muchas cosas. ¿Qué tal si no tenían comida suficiente? ¿O ropa? ¿O supón que se nos acabe el dinero? ¿Qué tal si no hay suficiente? ¿Y si todo sale mal? ¿Y nos enfermamos? ¿Qué tal, entonces? Cuando Jesús vio a toda esa gente, su corazón se llenó de amor hacia ellos. Eran como un rebaño de ovejas que no tenían pastor que las cuide. Así que Jesús hizo que todos se sentaran y les habló.

La gente se sentó callada en la hierba de la ladera y escuchó. Desde donde estaban sentados, podían ver el lago azul reluciendo abajo a la distancia, y pequeños botes pesqueros llegando después de pescar toda la noche. El aire era fresco y claro.

The Singer

The Sermon on the Mount, from Matthew 6, 9, and Luke 12

WHEREVER JESUS WENT, lots of people went, too. They loved being near him. Old people. Young people. All kinds of people came to see Jesus. Sick people. Well people. Happy people. Sad people. And worried people. Lots of them. Worrying about lots of things.

What if we don't have enough food? Or clothes? Or suppose we run out of money? What if there isn't enough? And everything goes wrong? And we won't be all right? What then?

When Jesus saw all the people, his heart was filled with love for them. They were like a little flock of sheep that didn't have a shepherd to take care of them. So Jesus sat them all down and he talked to them.

The people sat quietly on the grassy mountainside and listened. From where they sat, they could see the blue lake glittering below them and little fishing boats coming in from a night's catch. The spring air was fresh and clear.

«¿Ven esos pájaros?» dijo Jesús.

Todos miraron. Algunas golondrinas estaban picoteando en el sendero pedregoso en busca de semillas.

«¿De dónde obtienen ellas su comida? ¿Tal vez tienen alacenas llenas? ¿Anaqueles llenos de comida?».

Todos se rieron; ¿quién ha visto jamás a un pájaro cargando una bolsa de víveres?

«No» dijo Jesús. «Ellos no necesitan preocuparse por eso; porque Dios sabe lo que necesitan, y les da de comer».

"See those birds over there?" Jesus said.

Everyone looked. Little sparrows were pecking at seeds along the stony path.

"Where do they get their food? Perhaps they have pantries all stocked up? Cabinets full of food?"

Everyone laughed — who's ever seen a bird with a bag of groceries?

"No," Jesus said. "They don't need to worry about that. Because God knows what they need and he feeds them."

232

«¿Y qué tal de esas flores silvestres?».

Todos alzaron la vista. Por todas partes crecían las flores. Anémonas, margaritas, lirios blancos.

«¿De dónde sacan ellas esa ropa tan linda? ¿La hacen ellas? ¿O tienen que trabajar todo el día para poder comprársela? ¿Tienen ellas armarios llenos de ropa?».

Todos se rieron de nuevo; ¿quién ha visto a una flor poniéndose un vestido?

«No» dijo Jesús. «¡Esas flores no tienen que preocuparse por eso porque Dios las viste con vestidos de esplendor y realeza! ¡Ni siquiera un rey se viste tan bien!».

"And what about these wild flowers?"

Everyone looked. All around them flowers were growing. Anemones, daisies, pure white lilies.

"Where do they get their lovely clothes? Do they make them? Or do they go to work every day so they can buy them? Do they have closets full of clothes?"

Everyone laughed again — who's ever seen a flower putting on a dress?

"No," Jesus said. "They don't need to worry about that because God clothes them in royal robes of splendor! Not even a king is that well dressed!"

Ellos nunca habían conocido a un rey, pero, al contemplar el lago, brillando y reluciendo a la distancia, las colinas vestidas de colores rojos, púrpuras y dorados, sintieron que un gran peso se les quitaba del corazón. No podían imaginarse nada más hermoso.

«Rebañito» dijo Jesús, «¡ustedes son más importante que los pájaros! ¡Más importante que las flores! Los pájaros y las flores no se quedan sentados preocupándose por las cosas. Y Dios tampoco quiere que sus hijos se preocupen. A Dios le encanta cuidar a las aves y las flores. Y también les encanta cuidarlos a ustedes».

They had never met a king but, as they gazed out over the lake, glittering and sparkling below them, the hillsides dressed in reds, purples, and golds, they felt a great burden lift from their hearts. They could not imagine anything more beautiful.

"Little flock," Jesus said, "you are more important than birds! More important than flowers! The birds and the flowers don't sit and worry about things. And God doesn't want his children to worry either. God loves to look after the birds and the flowers. And he loves to look after you, too."

Jesús sabía que Dios siempre ama y cuida al mundo que creó, todo lo que hay allí: pájaros, flores, árboles, animales, todo. Y, más que nada, a sus hijos.

Aunque la gente se hubiera olvidado, las aves y las flores no se habían olvidado; ellos todavía sabían su canto. Era el canto que toda la creación de Dios le había cantado desde el mismo principio. Era el canto que los corazones de las personas fueron hechos para cantar: «Dios nos hizo. Él nos ama. Se complace con nosotros».

Por eso Jesús había venido al mundo: para cantarles ese canto maravilloso, para cantarlo no solo con su voz, sino con toda su vida; para que los hijos de Dios puedan recordarlo, y unirse también para cantarlo, .

Jesus knew that God would always love and watch over
the world he had made — everything in it — birds, flowers, trees, animals, everything! And, most of all, his children.

Even though people had forgotten, the birds and the flowers hadn't forgotten — they still knew their song. It was the song all of God's creation had sung to him from the very beginning. It was the song people's hearts were made to sing: "God made us. He loves us. He is very pleased with us."

It was why Jesus had come into the world: to sing
them that wonderful song; to sing it not only with his voice, but with his whole life — so that God's children could remember it and join in and sing it, too.

El capitán de la tormenta

La tempestad en el lago, de Marcos 4 y Mateo 8

EL SOL SE PONÍA. El aire estaba caliente y tranquilo.

«Crucemos el lago», les dijo Jesús a sus amigos.

Jesús había estado ayudando a la gente todo el día, y estaba cansado. Así que dejaron a la multitud en la orilla, y se embarcaron en un pequeño barco pesquero.

Jesús se subió al bote para tomar una siesta. Tan pronto como puso la cabeza sobre la almohada, se quedó dormido. Era una noche preciosa. Una suave brisa hacía crujir las velas. Los amigos conversaban alegremente al dirigirse hacia la mitad del lago. Todo era perfecto. Perfecto para una travesía tranquila y callada . . .

The Captain of the storm

The storm on the lake, from Mark 4 and Matthew 8

THE SUN WAS GOING DOWN. The air was warm
and still.

"Let's go across the lake," Jesus said to his friends.

Jesus had been helping people all day and now he was tired. So they left the crowds at the shore and set out in a small fishing boat.

Jesus climbed into the boat to take a nap. As soon as his head touched the pillow, he fell fast asleep.

It was a beautiful evening. A gentle breeze rustled the sails. The friends were chatting happily as they headed out into the middle of the lake. Everything was perfect. Just right for a nice quiet sail …

Habían recorrido como la mitad de la distancia, cuando, de la nada, ventarrones soplaron en el lago, feroces y fuertes, ¡cómo un huracán! El resplandor de un rayo iluminó el cielo. ¡El trueno sonó justo encima de sus cabezas!

La tempestad levantó el agua en olas gigantescas que lanzaban el barquito hacia arriba, hacia arriba, hacia arriba; y luego hacia abajo, ¡CATAPLÚN, hacia abajo, hacia abajo, hacia abajo!

They were only about halfway across when, out of nowhere, whirling winds swept across the lake, fierce and strong, like a hurricane! A blinding flash of lightning lit up the sky. Thunder roared right overhead!

The storm blew the water into towering waves that hurled the little boat up, up, up — then sent it hurtling, CRASHING back down, down, down!

El barquito pesquero bailaba, y danzaba, y era lanzado de un lado para otro, ¡para adelante y para atrás, para arriba y para abajo, a la derecha a la izquierda, y de un lado para otro!

Y en medio de la tormenta, Jesús estaba dormido.

Ahora bien, los amigos de Jesús habían sido pescadores toda la vida, pero en todos sus años de pesca en el lago nunca habían visto una tormenta como esta. Por más que luchaban con las sogas y las velas, no podían controlar el barco. Esta tempestad era demasiado para ellos.

The fishing boat was blown and buffeted and tossed and turned — back and forth and up and down and left and right and round and round!

And in the middle of the storm, Jesus was sleeping.

Now Jesus' friends had been fishermen all their lives, but in all their years fishing on this lake they had never once seen a storm like this one. No matter how hard they struggled with their ropes and sails, they couldn't control their boat. This storm was too big for them.

Pero la tormenta no era mucho para Jesús.

—¡AUXILIO! —gritaron—. ¡Despiértate! ¡Rápido, Jesús!

Jesús abrió los ojos.

—¡Rescátanos! ¡Sálvanos! —chillaron ellos—. ¿No te preocupa?

(Por supuesto que Jesús se preocupaba, y era por eso que había venido; para rescatarlos y salvarlos).

Jesús se levantó, y le habló a la tormenta. «¡Cálmate!» dijo. Eso fue todo.

But the storm wasn't too big for Jesus.

"HELP!" they screamed. "Wake up! Quick, Jesus!"

Jesus opened his eyes.

"Rescue us! Save us!" they shrieked. "Don't you care?"

(Of course Jesus cared, and this was the very reason he had come — to rescue them and to save them.) Jesus stood up and spoke to the storm. "Hush!" he said. That's all.

Y sucedió lo más extraño . . .

El viento y las olas reconocieron la voz de Jesús. (La habían oído antes, por supuesto; fue la misma voz que los formó, en el mismo principio). Escucharon a Jesús e hicieron lo que él dijo.

De inmediato el viento dejó de soplar. Las aguas se calmaron. Inocentemente brillaban bajo la luz de la luna y chocaban con calma el costado del barco, como si nada hubiera sucedido.

El barquito se mecía suavemente. Había una profunda tranquilidad y gran quietud por todas partes.

Entonces Jesús se volvió a sus amigos asustados por el viento. «¿Por qué están tan asustados?» preguntó. «¿Se olvidaron de quién soy yo? ¿Le creyeron más a su miedo, en lugar de creen en mí?».

Los amigos de Jesús se quedaron callados. Tan callados como el viento y las olas. En sus corazones había una tempestad de clase diferente.

«¿Qué hombre es este»?» se preguntaban con ansiedad. «¡Incluso los vientos y las olas le obedecen!» dijeron, porque no entendían. No se daban cuenta todavía de que Jesús era el Hijo de Dios.

And the strangest thing happened …

The wind and the waves recognized Jesus' voice. (They had heard it before, of course — it was the same voice that made them, in the very beginning). They listened to Jesus and they did what he said.

Immediately the wind stopped. The water calmed down. It glittered innocently in the moonlight and lapped quietly against the side of the boat, as if nothing had happened.

The little boat bobbed gently up and down. There was a deep stillness and a great quiet all around.

Then Jesus turned to his wind-torn friends. "Why were you scared?" he asked. "Did you forget who I Am? Did you believe your fears, instead of me?"

Jesus' friends were quiet. As quiet as the wind and the waves. And into their hearts came a different kind of storm.

"What kind of man is this?" they asked themselves anxiously. "Even the winds and the waves obey him!" they said, because they didn't understand. They didn't realize yet that Jesus was the Son of God.

Los amigos de Jesús habían tenido mucho miedo, y habían visto solo las grandes olas. Se habían olvidado de que, si Jesús estaba con ellos, no tenían nada de que tener miedo.

Sin que importe lo pequeño que fuera su barco; o lo grande que fuera la tempestad.

Jesus' friends had been so afraid, they had only seen the big waves. They had forgotten that, if Jesus was with them, then they had nothing to be afraid of.

No matter how small their boat — or how big the storm.

¡Llenos!

La alimentación de los cinco mil, de Mateo 14, Marcos 6 y Lucas 9

HUBO UNA VEZ UNAS CINCO MIL **personas** cansadas y con hambre (y probablemente gruñonas) sentadas en una ladera, esperando la cena.

Habían venido para oír a Jesús ese día. Vinieron antes del desayuno, se quedaron toda la mañana, toda la tarde, y pasada la hora de la cena. Nadie se había propuesto quedarse tanto tiempo, pero así eran las cosas, escuchando a Jesús; era como si el tiempo no existiera. La gente podía oír a Jesús por horas, y, en ese día en particular, eso fue exactamente lo que hicieron.

Filled full!

The Feeding of the 5,000, from Matthew 14, Mark 6, Luke 9

THERE WERE ONCE 5,000 tired and hungry (and probably very grumpy) people sitting on a hillside wanting their dinner.

They'd come to hear Jesus that day. They came before breakfast, stayed all morning, all afternoon, and way past dinner. No one had meant to be out there that long but that's how it was, listening to Jesus — as if time didn't exist. People could listen to Jesus for hours, and, on this particular day, that's just what they did.

Pero no habían traído comida suficiente, y no podían simplemente ir y comprarse una hamburguesa y papitas fritas para llevar porque, por supuesto, estaban en un lugar donde no había ni almacenes ni restaurantes. (Además, esa clase de comida rápida todavía no se había inventado). ¿Qué iban a hacer?

But they hadn't brought enough food, and they couldn't just go and buy themselves a burger and fries to go because, of course, they were in the middle of nowhere with no shops or restaurants. (Besides, that kind of food wasn't invented yet.)

What would they do?

Los amigos de Jesús tuvieron una idea. —Mandémoslos a sus casas para que cenen.

—No tienen que irse —dijo Jesús—. Ustedes pueden darles algo de comer.

¿Quería Jesús que ellos vayan todo el camino a la ciudad para comprar comida para todos? Los amigos de Jesús se llenaron de pánico. —¡Pero no tenemos dinero suficiente!.

—¿Qué comida tienen? —preguntó Jesús—. Vayan y vean.

En la multitud había un muchachito. Había traído el almuerzo que su madre le había preparado esa mañana. Miró a sus cinco panes y dos pescaditos. No era mucho; ni siquiera suficiente para cinco mil personas; pero era todo lo que tenía.

—Yo tengo algo —dijo.

Los amigos de Jesús se rieron cuando vieron el diminuto almuerzo. —¡Eso no alcanza para nada! —dijeron.

Pero se equivocaron. Jesús sabía que no importaba cuán poco tenía el muchacho. Dios lo haría suficiente, y más que suficiente.

Jesús dijo: —Tráigame lo que tengan. —El muchachito le dio a Jesús su almuerzo. Jesús le guiñó con un ojo y le dijo al oído: «¡Observa!».

«¿De qué manera va Jesús a darles de comer a todos con eso?» dijeron los amigos de Jesús, porque pensaban que era imposible. Pero Jesús conocía a aquel que hizo todos los peces de los océanos. Y Jesús conocía a aquel que en el principio había hecho todo de la nada.

Jesus' friends had an idea. "Let's send everyone home
for dinner."

"They don't need to go," Jesus said. "You can give them something to eat."

Did Jesus want them to travel all the way to town and buy food for everyone? Jesus' friends panicked. "But we don't have enough money!"

"What food do you have?" Jesus asked. "Go and see."

Now, there was a little boy in the crowd. He had brought a lunch that his mother had made for him that morning. He looked at his five loaves and two fish. It wasn't much — not nearly enough for 5,000 — but it was all he had.

"I have some," he said.

Jesus' friends laughed when they saw his little lunch. "That's not nearly enough!" they said.

But they were wrong. Jesus knew it didn't matter how much the little boy had. God would make it enough, more than enough.

Jesus said, "Bring me what you have." And so the little boy gave Jesus his lunch. Jesus winked at the little boy and whispered in his ear, "Watch!"

"How in the world will Jesus feed everyone with just that?" Jesus' friends said, because they thought it was impossible.

But Jesus knew the One who made all the fish in the oceans. And Jesus knew the One who in the very beginning. had made everything out of nothing at all.

¿Cuán difícil sería algo como esto para alguien como él?

Jesús tomó el almuerzo del muchachito, miró al cielo, y le dio gracias a su Padre. Entonces Jesús les dio el diminuto almuerzo de nuevo a sus amigos.

Y los amigos de Jesús empezaron a repartir la comida, ¿y sabes qué? Fue de lo más extraño, sin que importe cuánto lo dividían; siempre había más. Y más. Y más. ¡Suficiente para los cinco mil! Todos comieron todo lo que quisieron; repitiendo, repitiendo una vez más, y repitiendo una cuarta vez. Hasta que quedaron llenos. Y todavía hubo sobras.

How hard would something like this be for Someone like that?

Jesus took the little boy's lunch, looked up to heaven, and thanked his Father. Then Jesus gave the little lunch back to his friends.

As Jesus' friends started to hand out the food, do you know what? It was the strangest thing, no matter how much they broke off — there was always more. And more. And more. Enough for 5,000! Everyone ate as much as they wanted — seconds, thirds, even fourths — until they were full. And still there were leftovers.

Pues bien, Jesús hizo muchos milagros como este; cosas que la gente pensaba que no podían suceder; que no eran naturales.

Pero era lo más natural del mundo. Es lo que Dios había estado haciendo desde el principio, por supuesto: tomando la nada y haciéndolo todo; tomando el vacío y llenándolo; tomando la oscuridad y convirtiéndola en luz.

Well, Jesus did many miracles like this. Things people thought couldn't happen, that weren't natural.

But it was the most natural thing in all the world. It's what God had been doing from the beginning, of course. Taking the nothing and making it everything. Taking the emptiness and filling it up. Taking the darkness and making it light.

¡Cacería de tesoros!

El cuento del tesoro escondido, de Mateo 13

U<small>N DÍA</small> J<small>ESÚS</small> estaba hablándole a la gente sobre el reino de Dios. «El reino de Dios es donde Dios es el Rey», Jesús les dijo. «Es donde quiera que Dios tiene el mando. Es donde él llena el corazón de ustedes con su felicidad eterna, y ustedes dejan de alejarse de él y lo aman».

Pero algunas veces las personas no podían entender bien las cosas. Así que Jesús les ayudaba contándoles cuentos llamadas «parábolas».

Jesús dijo: «¡El reino de Dios es como un tesoro escondido!» y entonces les contó este historia . . .

Treasure hunt!

The story of the hidden treasure, from Matthew 13

O<small>NE DAY</small> J<small>ESUS</small> was telling people about God's kingdom. "God's kingdom is wherever God is King," Jesus told them. "It's wherever God is in charge. It's where he fills your heart up with his Forever Happiness and you stop running away from him and you love him."

But sometimes people couldn't understand things very well. So Jesus helped them by telling them stories called "parables."

Jesus said, "God's kingdom is like a hidden treasure!" and then he told them this story …

Una vez un hombre estaba trabajando en un terreno, cavando. Estaba cavando, pero no sabía que en ese terreno había un tesoro escondido. Así que, cava, que cava, que cava . . . cling, clang, clong. ¡Ay! su pala golpeó contra algo duro. Hola, ¿qué es esto? Lo sacó y le quitó la tierra; era un cofre. Estaba oxidado y con candado, pero con un chirrido, lo abrió. Lo que estaba dentro casi le quita el aliento: eran joyas hermosas, relucientes, brillantes, centelleantes, preciosas. Era un cofre de un tesoro.

Once upon a time, there was a man working in a field, digging. So there he is digging, but what he doesn't know is that in that field there is buried treasure. So Dig, Dig, Dig . . . Klink, Klank, Klonk. UH-OH! His shovel bumps into something hard. Hello, what's this? He picks it up, dusts it off — it's a chest. It's rusted and locked but — C-R-E-E-A-K — he pries it open. What he sees inside takes his breath away: beautiful, glittering, gleaming, twinkling, sparkling, precious jewels! It's a treasure chest!

Él quería ese tesoro. Ese tesoro debía ser suyo. Debía tenerlo de alguna manera. Aunque tuviera que vender todo lo que tenía para poder pagar por el terreno. Rápidamente volvió a enterrar el tesoro, corrió a su casa, vendió todo lo que tenía. Llevó el dinero de la venta y fue y compró el terreno. Ahora era dueño del terreno; ¡y del tesoro que estaba enterrado allí! Corrió de nuevo, y volvió a sacar el tesoro.

He wants that treasure. He needs to get that treasure.
He must have that treasure, somehow. Even if he has to sell everything he has so he can pay for it. He quickly buries the treasure again, runs home, and sells everything he has. He takes the money from the sale and goes and buys that field. Now he owns the field — and the treasure that is buried in it! He runs back and digs up the treasure again.

Jesús dijo: «¡Volver a Dios es tan maravilloso como hallar un tesoro! A lo mejor tienen que cavar antes de hallarlo. A lo mejor tienen que mirar antes de poder verlo. A lo mejor tienen que dejarlo todo para poder alcanzarlo. Pero estar donde Dios está, estar en su reino, eso es más importante que todo lo demás en el mundo. ¡Vale la pena todo lo que uno tiene que dejar!» les dijo Jesús; «porque Dios es el tesoro real».

Dios también tiene un tesoro, por supuesto; un tesoro que se perdió hace mucho, mucho tiempo. ¿Qué era el tesoro de Dios, lo más importante, lo que más amaba Dios en el mundo?

El tesoro de Dios eran sus hijos.

Por eso Jesús tuvo que venir al mundo; para buscar el tesoro de Dios. Y pagó el precio para recuperarlo. Y Jesús lo haría; aunque le costara todo lo que tenía.

Jesus said, "Coming home to God is as wonderful as finding a treasure! You might have to dig before you find it. You might have to look before you see it. You might even have to give up everything you have to get it. But being where God is — being in his kingdom — that's more important than anything else in all the world. It's worth anything you have to give up!" Jesus told them. "Because God is the real treasure."

God had a treasure, too, of course. A treasure that was lost, long, long ago. What was God's treasure, his most important thing, the thing God loved best in all the world?

God's treasure was his children.

It was why Jesus had come into the world. To find God's treasure. And pay the price to win them back. And Jesus would do it — even if it cost him everything he had.

El amigo de
los niños

Jesús y los niños, de Mateo 18, 19, Marcos 10,
Lucas 18

LOS AMIGOS DE JESÚS ESTABAN DISCUTIENDO. ¿Quién era el ayudante más importante en el reino de Dios? Ellos querían saber.

—¡ Soy yo! —dijo Jacobo.

—¡No, no lo eres —dijo Pedro—. ¡Yo lo soy!

—Ni en sueños —dijo Mateo—. ¡Yo soy el más listo!

—¡No, no lo eres!

—¡No, no lo eres!

—¡Sí, lo soy!

—¡Sí!

—¡No!

—¡Sí!

—¡No!

Esta tontería siguió, y siguió por un rato. Como ves, los amigos de Jesús habían empezado a pensar que tenían que hacer algo para que Jesús los considerara especiales; que si eran el más listo, o el más lindo, o algo así, le gustarían más a Jesús.

The Friend of little
children

Jesus and the children, from Matthew 18, 19, Mark 10,
Luke 18

JESUS' FRIENDS WERE ARGUING. Who was the most important helper in God's kingdom? They wanted to know.

"I am!" James said.

"No, you're not!" said Peter. "I am!"

"Nonsense," Matthew said. "I'm the cleverest!"

"No, you're not!"

"Yes, I am!"

"Yes!" "No!" "Am, too!"

This silliness went on and on like that for some time.

You see, Jesus' friends had started thinking they had

to do something to make themselves special to Jesus —

that if they were the cleverest or the nicest or something, Jesus would like them best.

Pero se habían olvidado de algo; algo que Dios había estado enseñándole a su pueblo todos esos años. Que sin que importe lo ingenioso, o lo bueno que uno sea, o lo rico, o lo lindo, o lo importante que uno sea; nada de eso tiene importancia. Porque el amor de Dios es una dádiva y, como cualquiera te lo diría, de lo que se tratan los regalos es que son gratis. Todo lo que uno tiene que hacer es extender la mano, y recibirlos.

Así que mientras los amigos de Jesús discutían, unos que sabían todo en cuanto a recibir regalos (es más, uno podría decir que eran expertos en regalos) habían venido a Jesús. ¿Quiénes eran? Eran niños.

But they had forgotten something. Something God had been teaching his people all through the years: that no matter how clever you are, or how good you are, or how rich you are, or how nice you are, or how important you are — none of it makes any difference. Because God's love is a gift and, as anyone will tell you, the whole thing about a gift is, it's free. All you have to do is reach out your hands and take it.

So while Jesus' friends were arguing, some people who knew all about getting gifts — in fact, you might say they were gift-experts — had come to see Jesus. Who were they? They were little children.

Los ayudantes de Jesús trataron de hacer que se vayan. —¡Jesús no tiene tiempo para ustedes! —dijeron—. Está muy cansado.

Pero se equivocaban. Jesús siempre tuvo tiempo para los niños.

—¡No los alejen! —dijo Jesús—. Tráiganme a esos pequeños.

Ahora bien, si hubieras estado allí, qué hubieras pensado? ¿te hubieras puesto en línea callado para ver a Jesús? ¿Piensas que Jesús te hubiera preguntado si has sido bueno antes darte un abrazo? ¿Hubieras tenido que portarte de la mejor manera posible? ¿Y ponerte el vestido dominguero? ¿Y no hablar sino hasta que se te da permiso?

Jesus' helpers tried to send them away. "Jesus doesn't have time for you!" they said. "He's too tired."

But they were wrong. Jesus always had time for children.

"Don't ever send them away!" Jesus said. "Bring the little ones to me."

Now, if you had been there, what do you think — would you have had to line up quietly to see Jesus? Do you think Jesus would have asked you how good you'd been before he'd give you a hug? Would you have had to be on your best behavior? And get dressed up? And not speak until you're spoken to?

261

¿O . . . habrías hecho lo que todos esos niños hicieron: correr a Jesús y dejarte en sus brazos, y darle un buen abrazo, y un beso, y luego sentarte en sus rodillas, para que él escuche tus historias y escucharla?

Como ves, los niños querían a Jesús, y sabían que no necesitaban hacer nada especial para que Jesús los quisiera. Todo lo que necesitaban hacer era correr a sus brazos, y eso fue exactamente lo que hicieron.

Pues bien, después de todas las risas y juegos, Jesús se volvió a sus seguidores y dijo: «Sin que importe lo grande que sean, nunca crezcan tanto como para perder su corazón de niños: lleno de confianza en Dios. Sean como estos niños. Ellos son los más importantes en mi reino».

Or … would you have done just what these children did — run straight up to Jesus and let him pick you up in his arms and swing you and kiss you and hug you and then sit you on his lap and listen to your stories and your chats?

You see, children loved Jesus, and they knew they didn't need to do anything special for Jesus to love them. All they needed to do was to run into his arms. And so that's just what they did.

Well, after all the laughing and games, Jesus turned to his helpers and said, "No matter how big you grow, never grow up so much that you lose your child's heart: full of trust in God. Be like these children. They are the most important in my kingdom."

El hombre que no tenía amigos (ninguno)

The man who didn't have any friends (none)

La historia de Zaqueo, de Lucas 19

The story of Zacchaeus, from Luke 19

HABÍA UNA VEZ UN HOMBRE que no tenía ningún amigo (ninguno). ¿Tienes tú algún amigo? Pues bien, por supuesto que los tienes. Pero no Zaqueo. El pobre Zaqueo no tenía ninguno.

Probablemente te preguntes por qué. ¿Era tal vez porque era bajito de estatura? (Esa no es razón para no querer a alguien). ¿Se debía a que tenía un nombre raro? (Pues bien, tampoco era eso). Aunque era bajito de estatura y tenía un nombre raro, no era eso. No; la gente no quería a Zaqueo porque él les robaba el dinero.

Zaqueo cobraba impuestos (los impuestos eran lo que la gente tenía que pagarle al rey), pero Zaqueo cobraba más de lo que debía cobrar, y se guardaba el dinero extra y así se enriquecía. Todos sabían lo que él hacía, y eso los hacía enojarse y gruñir. No querían a Zaqueo ni un poquito. Así que se aseguraban de que él lo supiera haciendo cosas como evadirlo.

THERE WAS ONCE A MAN who didn't have any friends (none). Do you have any friends? Well, of course you do. But not Zacchaeus. Poor Zacchaeus didn't have any.

You're probably wondering why. Was it because he was so short? (That's not a reason not to like someone.) Was it because he had a name that was hard to say? (Well, neither is that.) Even though he was short and he did have a funny name, that wasn't it. No, people didn't like Zacchaeus because he stole their money.

Zacchaeus collected taxes (taxes were what people had to pay the king), but Zacchaeus took more than he was supposed to and kept the extra money for himself and made himself rich. Everyone knew what he was up to and it made them cross and grumpy. They didn't like Zacchaeus one bit.

So they made sure he knew it by doing things like avoiding him. And walking on the opposite side of the street.

Se pasaban al otro lado de la calle. Pretendían no verlo. Decían entre dientes cosas tales como: «¡Ahí va ese don nadie que se cree alguien!» pero lo decían con suficiente volumen como para que él lo oyera.

And pretending not to see him. And whispering things like, "There's that nobody who thinks he's a somebody!" loud enough so he could hear.

Más allá de esto, un día una gran multitud se reunió en el camino. Jesús venía a su ciudad, y todos querían verlo.

Zaqueo también quería ver a Jesús. Pero todos eran muy altos. Dando saltos intentó verlo, pero de nada sirvió. No podía ver nada.

Anyway, one day, a huge crowd gathered by the road. Jesus was coming to their town and everyone wanted to see him.

Zacchaeus wanted to see Jesus, too. But everyone was too tall. He tried jumping up and down, but that didn't work. He couldn't see a thing.

Entonces a Zaqueo se le ocurrió una buena idea. «¡Voy a treparme a ese sicómoro!» dijo. Así lo hizo. (Sorprendentemente, era bueno para trepar árboles, para un hombre que era de tan baja estatura que tenía que tomar vuelo simplemente para subirse a su silla para desayunar).

Luckily, Zacchaeus had a good idea. "I'll climb that sycamore tree!" he said. So he did. (He was surprisingly good at climbing trees for a man who was so unusually short that he had to take a flying leap just to get into his chair in the morning.)

Desde el árbol Zaqueo tenía la vista perfecta: veía todo el camino.

Otro minuto, y de repente Jesús ya estaba debajo del árbol. Se detuvo y miró hacia arriba. Zaqueo vio a Jesús; y Jesús vio a Zaqueo.

—Zaqueo —dijo Jesús—. Quiero ir a tu casa.

¡Zaqueo casi se cae del árbol! ¿Ir a su casa? Nadie jamás quería ni siquiera acercarse a su casa, mucho menos entrar a ella.

From the tree, Zacchaeus had the perfect view — all the way down the road.

Another minute and suddenly Jesus was at the tree. He stopped and looked up. Zacchaeus saw Jesus. And Jesus saw Zacchaeus.

"Zacchaeus," Jesus said. "I'd like to come over to your house."

Zacchaeus almost fell out of the tree! Come over to his house? No one ever wanted to come anywhere near his house, let alone inside it.

La gente vio esto y, sobra decirlo, eso los hizo enojarse más y gruñir más que de costumbre. Rezongaron, y murmuraron, y dijeron entre dientes: «¿Por qué Jesús trata bien a ese gran pecador? ¿Acaso Jesús no sabe nada de él?».

Zaqueo se bajó lo más rápido que pudo, y llevó a Jesús a su casa. Se apuró porque no quería que Jesús cambiara de parecer. Tal vez Jesús no había oído nada acerca de él. Tal vez Jesús no sabía cómo él había estado robando; y como nadie lo quería; y como no tenía ningún amigo.

Pero Jesús lo sabía; él sabía todo en cuanto a Zaqueo, y del robo, y de todo; y con todo lo quería.

Zaqueo se avergonzó. —Señor —dijo, palideciendo—, lo que he hecho está mal. Pero ahora voy a devolver el dinero a todos; ¡cuatro veces lo que robé! —Y eso fue exactamente lo que hizo.

Jesús sonrió. —¡Amigo mío! —dijo—. ¡Hoy Dios te ha rescatado!

Jesús amó a Zaqueo cuando nadie más lo amaba. Fue amigo de Zaqueo, aunque nadie más lo era; porque Jesús estaba mostrándole a la gente cómo es el amor de Dios; su maravilloso amor, que nunca se acaba, que nunca se da por vencido, que nunca se rompe, y que es de siempre y para siempre.

The people saw this and, needless to say, it made them even crosser and grumpier than usual. They mumbled and murmured and muttered, "Why is Jesus being kind to that big sinner? Doesn't Jesus know about him?"

Zacchaeus scrambled down and took Jesus to his house. He was in a hurry because he didn't want Jesus to change his mind. Perhaps Jesus hadn't heard about him. Perhaps Jesus didn't know about how he had been stealing. And how no one liked him. And how he didn't have any friends.

But Jesus knew — he knew all about Zacchaeus and the stealing and everything — and he still loved him.

Zacchaeus was ashamed. "Lord," he said, turning pale, "what I've done is wrong. But now I want to do the right thing. I will give the money back to everyone — four times what I stole!" And that's just what he did.

Jesus smiled. "My friend!" he said. "Today God has rescued you!"

Jesus loved Zacchaeus when nobody else did. He was Zacchaeus' friend, even when no one else was. Because Jesus was showing people what God's love was like — his wonderful, Never Stopping, Never Giving up, Unbreaking, Always and Forever Love.

Lejos de casa

La historia del hijo perdido, de Lucas 15

JESÚS CONTÓ esta historia de un muchacho que se fue de su casa: Había una vez un muchacho y su papá. Ahora bien, un día el muchacho se puso a pensar: , pensaba. El hijo nunca pensó en eso antes; pero de repente ya no lo sabe.

Así que el hijo va a su papá y le dice: «Papá, me va mejor sin ti. Yo puedo cuidarme a mí mismo. Simplemente dame mi parte del dinero».

Su padre se entristece pero no obliga al muchacho a que se quede. Así que le da a su hijo lo que quiere.

El hijo toma el dinero, y se va en un viaje largo, largo, a un país muy lejano. Y todo es maravilloso y perfecto; por un tiempo. Puede ir adonde se le antoja, hacer lo que quiere, y ser lo que quiere. Él es el jefe, ¡es libre!

A veces siente algo extraño en su corazón, de hambre, extraña su casa, pero simplemente come un poco más, o bebe un poco más, o compra más ropas, o va a más fiestas, hasta que el sentimiento se va.

Running away

The story of the lost son, from Luke 15

JESUS TOLD this story about a boy who ran away:

Once upon a time, there was a boy and his dad. Now, one day, the boy gets to thinking, *Maybe if I didn't have my dad around telling me what is good for me all the time, I'd be happier. He's spoiling my fun,* he thinks. *Does my dad really want me to be happy? Does my dad really love me?* The son never thought of that before. But suddenly he doesn't know anymore.

So the son goes to his father and says, "Dad, I'm better off without you. I can look after myself. Just give me my share of your money."

His father is sad but he won't force his boy to stay. So he gives his son what he wants.

The son takes the money and goes on a long, long journey to a far off country.

And everything's wonderful and perfect — for a while.

He can go wherever he wants, do whatever he wants, be whoever he wants. He is the boss, he is free!

Sometimes he gets a strange, hungry, homesick feeling inside his heart, but then he just eats more, or drinks more, or buys more clothes, or goes to more parties until it goes away.

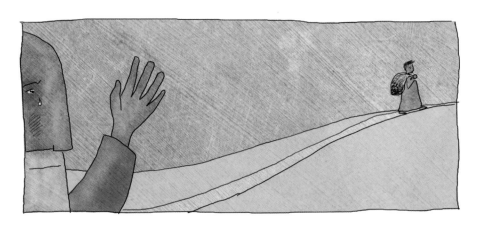

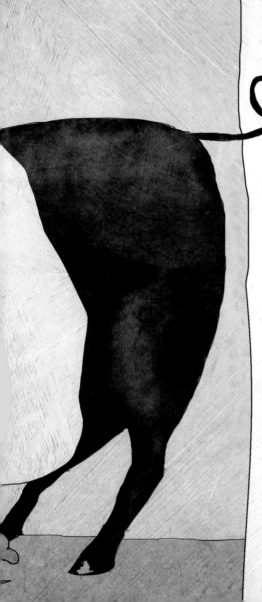

Pero pronto el dinero se le acaba; y también sus amigos. Acaba en el único empleo que puede hallar: dándoles de comer a unos puercos. Un día, está con tanta hambre y tan desesperado que incluso trata de comer la comida de los puercos: «¿Qué estoy haciendo?» dice de repente, como si se despertara de una pesadilla. Escupe todo de su boca. «Mi padre es rico, y aquí estoy yo, en un chiquero, comiendo comida de cerdos!».

Se limpia la boca, y se sacude la ropa. «¡Voy a volver a casa!».

But soon his money runs out — and so do his friends. He ends up getting the only job he can find: feeding pigs. One day, he is so hungry and so desperate he even tries some piggy food —

"What am I doing?" he says suddenly, as if he has woken from a nightmare. He spits — YUCK! — all of it — ICK! — out of his mouth.

"My father is rich, and here I am — in a pig sty, eating piggy food!"

He wipes his mouth and dusts himself off.

"I'm going home!"

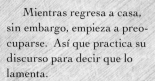

Mientras regresa a casa, sin embargo, empieza a preocuparse. Así que practica su discurso para decir que lo lamenta.

Todo el tiempo, lo que él no sabe es que, día tras día, su papá ha estado parado en el portal, afinando la vista, mirando a la distancia, esperando que su hijo vuelva a casa. No puede dejar de quererlo. Anhela oír la voz de su hijo. No puede estar feliz sino hasta que él regrese.

El hijo todavía está a gran distancia, pero su padre le ve venir.

¿Qué va a hacer el papá? ¿Cruzar los brazos y fruncir el ceño? Gritar: «¡Eso te enseñará!» y, «¡Simplemente espera, jovencito!»

No, no es así como transcurre la historia.

El papá sale corriendo del porche, corre por la colina, por una abertura en el cerco, por el camino. Antes de que su hijo pueda empezar su discurso de «lo lamento», su papá corre hacia él, lo estrecha en sus brazos, y no puede dejar de besarlo.

As he starts for home though, he begins to worry. *Dad won't love me anymore. I've been too bad. He won't want me for his son anymore.* So he practices his I'm-Sorry-Speech.

All this time, what he doesn't know is that, day after day, his dad has been standing on his porch, straining his eyes, looking into the distance, waiting for his son to come home. He just can't stop loving him. He longs for the sound of his boy's voice. He can't be happy until he gets him back.

The son is still a long way off, but his dad sees him coming.

What will the dad do? Fold his arms and frown? Shout, "That'll teach you!" And, "Just you wait, young man!"

No. That's not how this story goes.

The dad leaps off the porch, races down the hill, through the gap in the hedge, up the road. Before his son can even begin his I'm-Sorry-Speech, his dad runs to him, throws his arms around him, and can't stop kissing him.

—¡Hagamos fiesta! —grita el papá—. Mi hijo ha vuelto. Se fue de casa. Lo perdí; ¡pero ya lo tengo de vuelta!

Jesús les dijo: «Dios es como el papá que no puede dejar de querer a su muchacho. Y las personas son como el hijo que dijo: "¿En realidad mi papá querrá que yo sea feliz?"».

Jesús le contó a la gente esta historia para mostrarles cómo es Dios; y para mostrarles a las personas cómo eran ellas.

Así que ahora ellos podían saber que por lejos que se fueran, por bien que se escondieran, por perdidos que estuvieran; no importaba. Porque los hijos de Dios nunca pueden alejarse demasiado, o estar demasiado perdidos, para que Dios los halle.

"Let's have a party!" his dad shouts. "My boy's home. He ran away. I lost him — but now I have him back!"

Jesus told them, "God is like the dad who couldn't stop loving his boy. And people are like the son who said, 'Does my dad really want me to be happy?'"

Jesus told people this story to show them what God is like. And to show people what they are like.

So they could know, however far they ran, however well they hid, however lost they were — it wouldn't matter. Because God's children could never run too far, or be too lost, for God to find them.

278

Lavado con lágrimas

Una pecadora unge a Jesús, de Marcos 14, Lucas 7 y Juan 12

UNA NOCHE JESÚS FUE a cenar en la casa de un dirigente importante. El dirigente importante invitó a sus amigos importantes. Estaban sentados, comiendo cuando entró una mujer. No la habían invitado, pero todos sabían quién era ella.

«¿Quién se cree ella que es?» dijeron en voz baja los invitados. «¿Cómo se atreve?». La mujer era una gran pecadora y todos lo sabían. (Era fácil ver; después de todo, que ella había roto las reglas y hecho cosas malas).

La mujer se dirigió derecho hasta Jesús. Llevaba un perfume muy costoso.

Ahora bien, lo curioso en cuanto a los perfumes en ese tiempo es que no venían en botellas con tapa, sino en frascos sellados. Y los frascos eran hechos de cristales preciosos, como alabastro. Pero había un detalle: los frascos no tenían tapa, ni corcho, ni nada. Así que la única manera en que se podía sacar perfume era romper el frasco. Una vez que se rompía el frasco, se acabó; y ya no había más. La mayoría de las personas no usaban perfumes porque era demasiado precioso. Simplemente lo guardaban en un estante, y lo miraban.

Washed with tears

A sinful woman anoints Jesus, from Mark 14, Luke 7, and John 12

ONE NIGHT JESUS WENT to dinner at an Important Leader's house. The Important Leader invited his Important Friends. They were all just sitting down to eat when a woman walked in. She was not invited but everyone knew who she was.

"Who does she think she is?" the guests whispered. "How dare she?" The woman was a big sinner and everyone knew it. (It was easy to see — after all, she had broken the rules and done bad things.)

The woman walked straight up to Jesus. She was carrying very expensive perfume.

Now the thing about perfume back then was that it didn't come in bottles, it came in jars. And the jars were made out of precious stone, like alabaster. But here's the catch: the jars didn't have a lid, or a stopper, or anything. So the only way you got the perfume out was if you broke the jar. Once you broke the jar, that was it — you had no more. Most people didn't use perfume because it was too precious. They just kept it on a shelf and looked at it.

Así que, como ves, este perfume era lo más precioso que ella tenía en el mundo. Era su tesoro.

La mujer se arrodilló ante Jesús como si él fuera rey. Levantó los pies de Jesús en sus manos y empezó a llorar. Sus lágrimas cayeron en los pies de Jesús, lavándolos. Ella besó los pies y los secó con su pelo largo y oscuro. Y ella hizo algo extraño. Rompió el frasco y derramó el perfume sobre los pies de Jesús.

Todo el mundo se quedó boquiabierto. ¡Qué desperdicio! ¿Sobre los pies de alguien? ¡Perfume tan costoso!

Olía como lirios en un campo en el verano.

Jesús miró a la mujer, y le sonrió. Lo que ella había hecho era algo muy maravilloso. Tal como Samuel había ungido a David, el verdadero rey de Dios, todos esos años antes, así esta mujer había ungido a Jesús; no con aceite, sino con sus lágrimas.

So you see, this perfume was her most precious thing in all the world. It was her treasure.

The woman knelt down before Jesus like he was a king. She held Jesus' feet in her hands and started to cry. Her tears fell onto Jesus' feet, washing them. She kissed his feet and dried them with her long, dark hair. And then she did something strange. She broke the jar and poured the perfume all over his feet.

Everyone gasped. What a waste! Over someone's feet?
Such expensive perfume!

It smelled like lilies in a summer field.

Jesus looked at the woman, and he smiled at her. What she had done was the most wonderful thing. Just as Samuel had anointed David, God's true king, all those years before, so this woman had anointed Jesus — not with oil, but with her tears.

La gente importante se enfadó. Pensaban que Jesús no debía ser bondadoso con la mujer. «¡Esa mujer es pecadora!» rezongaron. «Nosotros somos los buenos». (Y era cierto, ellos en verdad parecían buenos; por fuera. Después de todo, ellos guardaban todas la reglas).

Pero Jesús podía ver dentro de las personas. Y por dentro, en sus corazones, Jesús vio que ellos no amaban a Dios ni a otras personas. Estaban alejándose de Dios, y pensaban que no necesitaban un rescatador. Pensaban que eran bastante buenos porque guardaban las reglas. Pero el pecado había impedido que sus corazones funcionaran como es debido. Y sus corazones eran duros y fríos.

«Esta mujer sabe que es pecadora», les dijo Jesús. «Ella sabe que nunca será buena lo suficiente. Ella sabe que necesita que yo la rescate. Por eso me ama tanto.

The Important People were cross. They thought Jesus should not be kind to this woman. "That woman is a sinner!" they grumbled. "We're the good ones." (And it's true, they did look good — from the outside. After all, they were keeping all the rules.)

But Jesus could see inside people. And inside, in their hearts, Jesus saw that they did not love God or other people. They were running away from God, and they thought they didn't need a rescuer. They thought they were good enough because they kept the rules. But sin had stopped their hearts from working properly. And their hearts were hard and cold.

"This woman knows she's a sinner," Jesus told them. "She knows she'll never be good enough. She knows she needs me to rescue her. That's why she loves me so much.

»Ustedes miran con desdén a esta mujer porque no miran hacia arriba a Dios. Ella es pecadora por fuera; pero ustedes son pecadores por dentro».

La gente importante tembló de rabia.

Jesús se volvió a la mujer y le sonrió. «Tus pecados quedan perdonados», le dijo: «Tú confiaste en mí, ¡y Dios te ha rescatado!».

«¿Quién se cree Jesús que es?» dijo en voz baja la gente importante. «Sólo Dios puede perdonar pecados».

Ellos no creían que Jesús era el Hijo de Dios.

Mientras más amaba Jesús a la gente y los ayudaba, la gente y dirigentes más importantes lo aborrecían. Tenían miedo de que la gente siguiera a Jesús en lugar de seguirlos a ellos. Tenían envidia. Y rabia . . . rabia suficiente como para matar a Jesús.

"You look down on this woman because you don't look up
to God. She is sinful on the outside — but you are sinful on
the inside."

The Important People shook with anger.

Jesus turned to the woman and smiled. "Your sins are forgiven," he said. "You trusted me. And God has rescued you!"

"Who does Jesus think he is?" the Important People whispered. "Only God can forgive sins."

They didn't believe Jesus was God's Son.

The more Jesus loved people and helped them, the more the Important People and Leaders hated him. They were afraid people would follow Jesus instead of them. They were jealous. And angry… Angry enough to kill Jesus.

285

El Rey servidor

La última cena, de Marcos 14 y Juan 13—14

ERA LA PASCUA, el tiempo cuando el pueblo de Dios recordaba cómo Dios los había rescatado de la esclavitud en Egipto. Todos los años mataban un cordero y lo comían. «¡El cordero murió en lugar de nosotros!» decían. Pero esta Pascua Dios estaba prepárandose para un rescate incluso mayor.

Jesús y sus amigos estaban sirviéndose la cena pascual en un salón en el segundo piso. Pero los amigos de Jesús discutían. ¿Respecto a qué? Discutían sobre pies apestosos. ¿Pies apestosos? Sí, tal como lo oyes. Pies apestosos.

The Servant King

The Last Supper, from Mark 14 and John 13 – 14

IT WAS PASSOVER, the time when God's people remembered how God had rescued them from being slaves in Egypt. Every year they killed a lamb and ate it. "The lamb died instead of us!" they would say.

But this Passover, God was getting ready for an even Greater Rescue.

Jesus and his friends were having the Passover meal together in an upstairs room. But Jesus' friends were arguing. What about? They were arguing about stinky feet. Stinky feet? Yes, that's right. Stinky feet.

(Ahora bien, lo curioso en cuanto los pies en ese entonces era que la gente no usaba zapatos; usaba solo sandalias, lo que tal vez no suene nada raro, excepto que las calles en esos días eran de tierra; y no quiero decir simplemente de tierra; quiero decir realmente de tierra sucia. Con todas las vacas, y caballos por todas partes, puedes imaginarte las cosas que había en la calle y que acababa en los pies!).

Así que, sea como sea, alguien tenía que lavar el polvo, pero era un trabajo muy desagradable. ¿Quién en el mundo alguna vez soñaría con ofrecerse como voluntario para hacerlo?

Solo el criado más insignificante.

(Now the thing about feet back then was that people didn't wear shoes; they only wore sandals, which might not sound unusual, except that the streets in those days were dirty — and I don't mean just dusty dirty — I mean really stinky dirty. With all those cows and horses everywhere, you can imagine the stuff on the street that ended up on their feet!) So anyway, someone had to wash away the dirt, but it was a dreadful job. Who on earth would ever dream of volunteering to do it? Only the lowliest servant.

—¡Yo no soy ese criado! —dijo Pedro.

—¡Ni yo tampoco! —dijo Mateo.

En silencio Jesús se levantó de la mesa, se quitó la túnica, tomó una palangana con agua, se arrodilló, y empezó a lavarles los pies a sus amigos.

—No puedes —dijo Pedro. No entendía que Jesús era el Rey siervo.

—Si no me dejas que te lave la suciedad, Pedro —dijo Jesús—, no puedes estar cerca de mí.

Jesús sabía que lo que las personas necesitaban más era estar limpias por dentro. Toda la suciedad de los pies no era nada comparada con el pecado dentro de sus corazones.

—¡Entonces lávame por entero, Señor! —dijo Pedro, con las lágrimas llenándole los ojos—. ¡Todo yo!

Uno por uno, Jesús les lavó los pies a todos.

—Hago esto porque los quiero, —explicó Jesús—. Hagan esto los unos por los otros.

"I'm not the servant!" Peter said.

"Nor am I!" said Matthew.

Quietly, Jesus got up from the table, took off his robe, picked up a basin of water, knelt down, and started to wash his friends' feet.

"You can't," Peter said. He didn't understand about Jesus being the Servant King.

"If you don't let me wash away the dirt, Peter," Jesus said, "you can't be close to me."

Jesus knew that what people needed most was to be clean on the inside. All the dirt on their feet was nothing compared to the sin inside their hearts.

"Then wash me, Lord!" Peter said, tears filling his eyes. "All of me!"

One by one, Jesus washed everyone's feet.

"I am doing this because I love you," Jesus explained. "Do this for each other."

Ahora bien, uno de los amigos de Jesús había hecho un plan malo. Nadie sabía lo que era ese plan malo. Pero Jesús lo sabía; y también Judas. Judas iba a ayudar a los dirigentes a capturar a Jesús; por 30 piezas de plata.

—Adelante, Judas, —dijo Jesús.

Judas se levantó de la cena, salió del cuarto, y salió a la noche.

Now, one of Jesus' friends had made a bad plan. No one else knew what the bad plan was. But Jesus knew — and so did Judas. Judas was going to help the Leaders capture Jesus — for 30 pieces of silver.

"Go on, Judas," Jesus said. And Judas got up from the meal, left the room, and walked out into the night.

Entonces Jesús tomó pan y lo partió. Lo dio a sus amigos. Tomó una copa de vino y dio gracias a Dios por ella. La sirvió y la repartió.

—Mi cuerpo es como este pan. Se romperá —les dijo Jesús—. Esta copa de vino es como mi sangre, será derramada.

—Pero así es como Dios rescatará al mundo entero. Mi vida se romperá, y el mundo roto de Dios será remendado. Mi corazón se romperá; y el de ustedes se sanará. Así como el cordero pascual murió, así yo moriré en lugar de ustedes. Mi sangre lavará todos sus pecados; y ustedes quedarán limpios por dentro; en sus corazones.

—Así que, cada vez que coman y beban esto, recuerden —dijo Jesús— ¡Yo los he rescatado!

Jesús sabía que casi había llegado el tiempo para que deje el mundo y vuelva a Dios.

—No estaré con ustedes mucho tiempo más —dijo—. Ustedes van a entristecerse mucho. Pero el Ayudador divino vendrá. Y entonces ustedes serán llenos con una felicidad eterna que nunca les dejará. Así que no tengan miedo. Ustedes son mis amigos y yo los quiero.

Entonces entonaron su canto favorito, y se fueron al lugar favorito: un huerto de olivos.

Then Jesus picked up some bread and broke it. He gave it to his friends. He picked up a cup of wine and thanked God for it. He poured it out and shared it.

"My body is like this bread. It will break," Jesus told them. "This cup of wine is like my blood. It will pour out."

"But this is how God will rescue the whole world. My life will break and God's broken world will mend. My heart will tear apart — and your hearts will heal. Just as the passover lamb died, so now I will die instead of you. My blood will wash away all of your sins. And you'll be clean on the inside — in your hearts."

"So whenever you eat and drink, remember," Jesus said, "I've rescued you!"

Jesus knew it was nearly time for him to leave the world and to go back to God.

"I won't be with you long," he said. "You are going to be very sad. But God's Helper will come. And then you'll be filled up with a Forever Happiness that won't ever leave. So don't be afraid. You are my friends and I love you."

Then they sang their favorite song. And walked up to their favorite place, an olive garden.

Una noche oscura en el huerto

*El huerto de Getsemaní, de Lucas 22,
Marcos 14, Juan 18*

EL VIENTO AUMENTABA, soplando nubes sobre la luna, cubriendo el huerto en oscuridad.

—¿Me acompañan despiertos? —les preguntó Jesús a sus amigos. Ellos dijeron que sí, y esperaron bajo los olivos, pero estaban cansados y pronto se quedaron dormidos.

Jesús se adelantó un poco, él solo, en la oscuridad. Necesitaba conversar con su Padre celestial.

Sabía que era tiempo para morir. Lo habían planeado mucho tiempo atrás, él y su padre. Jesús iba a llevar sobre sí el castigo por todas las cosas malas que toda persona ha hecho, o hará.

—¡Papá! ¡Padre! —clamó Jesús; y se arrodilló sobre el suelo, y se postró—. ¿Hay alguna otra manera de recuperar a tus hijos? ¿De sanar sus corazones? ¿De librarse del veneno?

Pero Jesús lo sabía; no había otra manera. Todo el veneno del pecado iba a tener que caer en su propio corazón.

Dios iba a poner en el corazón de Jesús toda la tristeza, y destrozo de los corazones de los seres humanos. Iba a poner sobre el cuerpo de Jesús toda la enfermedad de los cuerpos de las personas. Dios iba a tener que echarle la culpa a su Hijo por todo lo que había salido mal. Eso aplastaría a Jesús.

A dark night in the garden

*The Garden of Gethsemane, from Luke 22,
Mark 14, John 18*

THE WIND WAS picking up now, blowing clouds across the moon, shrouding the garden in darkness.

"Stay up with me?" Jesus asked his friends. They said yes and waited under the olive trees, but they were tired and soon they fell asleep.

Jesus walked ahead alone, into the dark. He needed to talk to his heavenly Father.

He knew it was time for him to die. They had planned it long ago, he and his Father. Jesus was going to take the punishment for all the wrong things anybody had ever done, or ever would do.

"Papa! Father!" Jesus cried. And he fell to the ground. "Is there any other way to get your children back?
To heal their hearts? To get rid of the poison?"

But Jesus knew — there was no other way. All the
poison of sin was going to have to go into his own heart.

God was going to pour into Jesus' heart all the sadness and brokenness in people's hearts. He was going to pour into Jesus' body all the sickness in people's bodies. God was going to have to blame his son for everything that had gone wrong. It would crush Jesus.

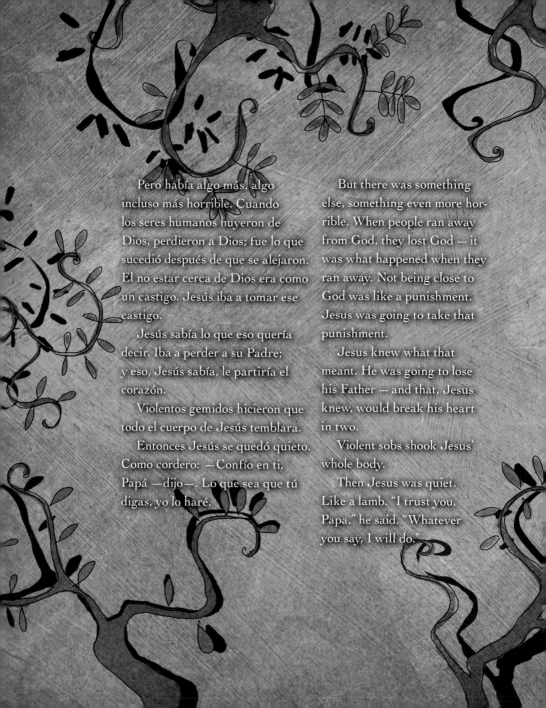

Pero había algo más, algo incluso más horrible. Cuando los seres humanos huyeron de Dios, perdieron a Dios; fue lo que sucedió después de que se alejaron. El no estar cerca de Dios era como un castigo. Jesús iba a tomar ese castigo.

Jesús sabía lo que eso quería decir. Iba a perder a su Padre; y eso, Jesús sabía, le partiría el corazón.

Violentos gemidos hicieron que todo el cuerpo de Jesús temblara.

Entonces Jesús se quedó quieto. Como cordero: —Confío en ti, Papá —dijo—. Lo que sea que tú digas, yo lo haré.

But there was something else, something even more horrible. When people ran away from God, they lost God — it was what happened when they ran away. Not being close to God was like a punishment. Jesus was going to take that punishment.

Jesus knew what that meant. He was going to lose his Father — and that, Jesus knew, would break his heart in two.

Violent sobs shook Jesus' whole body.

Then Jesus was quiet. Like a lamb. "I trust you, Papa," he said. "Whatever you say, I will do."

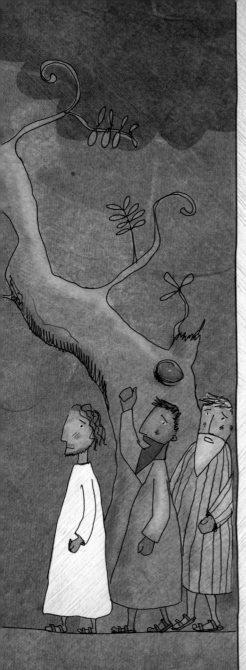

De repente, por entre los árboles, un resplandor de luz brilló. Al tranquilo jardín llegaron voces bajas, voces apagadas, metal que chocaba; y el retumbar de botas marchando.

Jesús se levantó.

Despertó a sus amigos. —Ya es hora —dijo suavemente—. Todo lo que fue escrito sobre mí, lo que Dios ha estado diciéndole a su pueblo todo este tiempo en todos estos largos años, está convirtiéndose en realidad.

Y en la noche, con antorchas encendidas y linternas, con espadas, garrotes y armadura, vinieron: un ejército de soldados. Judas los dirigió derecho a Jesús para que pudieran detenerlo.

Jesús estaba esperándolos.

Suddenly, through the trees, a glitter of starlight flashed off steel. Into the quiet garden came whispers, muffled voices, clanking metal — and the sound of boots marching.

Jesus stood up.

He woke his friends. "Now is the time," he said gently. "Everything that was written about me — what God has been telling his people all through the long years — it's all coming true."

And into the night, with burning torches and lanterns, with swords and clubs and armor, they came — an army of soldiers. Judas led them straight to Jesus so they could arrest him.

Jesus was waiting for them.

Pedro se levantó de un salto, sacó una espada, y trató de defender a Jesús. Le cortó la oreja a un guardia. Jesús de inmediato tocó al soldado y lo sanó.

—Pedro —dijo—, no es así como se hacen las cosas.

Pedro se dio cuenta de que ningún ejército, por grande que fuera, podría jamás detener a Jesús; a menos que Jesús se lo permitiera.

Entonces, como si fuera criminal, detuvieron a Jesús, que nunca había hecho otra cosa que amar a las personas.

Los amigos de Jesús tuvieron miedo; así que corrieron y se escondieron en la oscuridad.

Peter leapt up, took a sword, and tried to defend Jesus. He sliced off a guard's ear. Jesus immediately touched the guard and healed him.

"Peter," he said, "this is not the way."

Peter didn't realize that no army, no matter how big, could ever arrest Jesus. Not unless Jesus let them.

Then Jesus, who had never done anything except love people, was arrested, as if he were a criminal.

Jesus' friends were afraid. So they ran away and hid in the dark shadows.

Los guardias se llevaron a Jesús, y lo llevaron a los dirigentes.

Los dirigentes sometieron a Jesús a juicio. «¿Eres tú el Hijo de Dios?» preguntaron.

—Yo soy —dijo Jesús.

—¿Quién te crees que eres, para llamarte Dios? ¡Debes morir por llamarte hijo de Dios!

Solo los romanos podían matar presos, así que los dirigentes hicieron un plan. «Les diremos a los romanos que este hombre quiere ser nuestro rey. Y entonces lo crucificarán».

Pero todo estaba bien. Era el plan de Dios.

—Fue para esto que nací en el mundo —dijo Jesús.

The guards marched Jesus off and took him to the Leaders.

The Leaders put Jesus on trial. "Are you the Son of God?" they asked.

"I Am," Jesus said.

"Who do you think you are? To call yourself God? You must die for calling yourself the Son of God!"

Only the Romans were allowed to kill prisoners, so the Leaders made a plan. "We'll tell the Romans, 'This man wants to be our king!' And then they will crucify him."

But it would be all right. It was God's Plan.

"It was for this reason that I was born into the world," Jesus said.

El sol dejó de brillar The sun stops shining

La crucifixión, de Mateo 27, Marcos 15,
Lucas 23, Juan 19

The Crucifixion, from Matthew 27, Mark 15,
Luke 23, John 19

—¿Así que tú eres Rey, verdad? —se burlaron los soldados romanos—. Entonces necesitas una corona y un manto.

Le pusieron a Jesús una corona que hicieron de espinas; y le pusieron un manto púrpura. Fingieron hacerle reverencia. «¡Su majestad!» decían.

Entonces lo flagelaron. Le escupieron. No entendían que él era el Príncipe de vida, el Rey del cielo y de la tierra, que había venido a rescatarlos.

"So you're a king, are you?" the Roman soldiers jeered. "Then you'll need a crown and a robe."

They gave Jesus a crown made out of thorns. And put a purple robe on him. And pretended to bow down to him. "Your Majesty!" they said.

Then they whipped him. And spat on him. They didn't understand that this was the Prince of Life, the King of heaven and earth, who had come to rescue them.

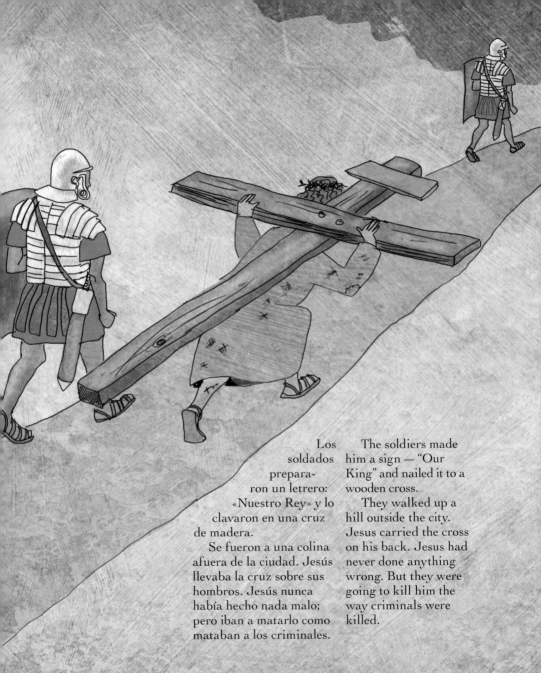

Los soldados prepararon un letrero: «Nuestro Rey» y lo clavaron en una cruz de madera.

Se fueron a una colina afuera de la ciudad. Jesús llevaba la cruz sobre sus hombros. Jesús nunca había hecho nada malo; pero iban a matarlo como mataban a los criminales.

The soldiers made him a sign — "Our King" and nailed it to a wooden cross.

They walked up a hill outside the city. Jesus carried the cross on his back. Jesus had never done anything wrong. But they were going to kill him the way criminals were killed.

Clavaron a Jesús a la cruz.

—Padre, perdónalos —dijo Jesús con dificultad—. Ellos no entienden lo que hacen.

—¡Dijiste que has venido para rescatarnos! —gritaba la gente—. ¡Pero ni siquiera puedes rescatarte tú mismo!

Pero se equivocaban. Jesús podía haberse rescatado a sí mismo. Una legión de ángeles hubiera venido volando a su lado; si él los hubiera llamado.

—Si eres en realidad el hijo de Dios, ¡simplemente bájate de esa cruz! —decían.

Por supuesto, tenían razón. Jesús simplemente podía haberse bajado de la cruz. En realidad, podía haber simplemente dicho una palabra y todo se hubiera detenido. Como cuando sanó a la niña, o calmó la tempestad, o dio de comer a cinco mil personas.

Pero Jesús se quedó en la cruz.

Como ves, ellos no entendían. No fueron los clavos los que mantuvieron a Jesús en la cruz. Fue el amor.

—¿Papá? —clamó Jesús, frenéticamente buscando en el cielo—. ¿Papá? ¿Dónde estás? ¡No me dejes!

Y por primera vez, y por última vez, cuando él habló, nada sucedió. Simplemente un horrible e interminable silencio. Dios no respondió. Le dio la espalda a su muchacho.

Las lágrimas corrieron por la cara de Jesús, la cara de aquel que limpiaría toda lágrima de todo ojo.

They nailed Jesus to the cross.

"Father, forgive them," Jesus gasped. "They don't understand what they're doing."

"You say you've come to rescue us!" people shouted. "But you can't even rescue yourself!"

But they were wrong. Jesus could have rescued himself. A legion of angels would have flown to his side — if he'd called.

"If you were really the Son of God, you could just climb down off that cross!" they said.

And of course they were right. Jesus could have just climbed down. Actually, he could have just said a word and made it all stop. Like when he healed that little girl. And stilled the storm. And fed 5,000 people.

But Jesus stayed.

You see, they didn't understand. It wasn't the nails that kept Jesus there. It was love.

"Papa?" Jesus cried, frantically searching the sky. "Papa? Where are you? Don't leave me!"

And for the first time — and the last — when he spoke, nothing happened. Just a horrible, endless silence. God didn't answer. He turned away from his Boy.

Tears rolled down Jesus' face. The face of the One who would wipe away every tear from every eye.

Aunque era mediodía, una espantosa oscuridad cubrió todo el mundo. El sol no podía brillar. La tierra tembló y se estremeció. Las grandes montañas temblaron. Las piedras se partieron. Hasta parecía que todo el mundo se iba a romper, que la creación misma se destrozaría.

La plena fuerza de la tempestad del furor de Dios contra el pecado estaba cayendo sobre su Hijo, en lugar de sobre su pueblo. Fue la única manera en que Dios podía destruir el pecado, y no destruir a sus hijos cuyos corazones estaban llenos de pecado.

Entonces Jesús gritó con voz fuerte: —¡Todo queda terminado!

Y así fue. Él lo había hecho. Jesús había rescatado al mundo entero.

—¡Padre! —clamó Jesús—. Te entrego mi vida. —Y con un gran suspiro murió.

Extrañas nubes y sombras llenaron el cielo. Púrpuras, anaranjadas, negras. Como un moretón.

Even though it was midday, a dreadful darkness covered the face of the world. The sun could not shine. The earth trembled and quaked. The great mountains shook. Rocks split in two. Until it seemed that the whole world would break. That creation itself would tear apart.

The full force of the storm of God's fierce anger at sin was coming down. On his own Son. Instead of his people. It was the only way God could destroy sin, and not destroy his children whose hearts were filled with sin.

Then Jesus shouted out in a loud voice, "It is finished!"

And it was. He had done it. Jesus had rescued the whole world.

"Father!" Jesus cried. "I give you my life." And with a great sigh he let himself die.

Strange clouds and shadows filled the sky. Purple, orange, black. Like a bruise.

Los amigos de Jesús se llevaron con gentileza a Jesús. Pusieron a Jesús en una tumba nueva, hecha en una colina.

¿Cómo pudo morir Jesús? ¿Qué había salido mal? ¿Qué quería decir todo eso? Ellos no sabían nada más; excepto que sus corazones se partían.

«Ese es el fin de Jesús», dijeron los dirigentes.

Pero, solo para estar seguros, enviaron fuertes soldados para que la tumba. Ellos empujaron una enorme piedra frente a la puerta de la tumba, para que nadie pudiera entrar.

O salir.

Jesus' friends gently carried Jesus. They laid Jesus
in a new tomb carved out of rock.

How could Jesus die? What had gone wrong? What did it mean? They didn't know anything anymore.
Except they did know their hearts were breaking.

"That's the end of Jesus," the Leaders said.

But, just to be sure, they sent strong soldiers
to guard the tomb. They hauled a huge stone in front of the door to the tomb. So that no one could get in.

Or out.

La maravillosa sorpresa de Dios

La resurrección, de Mateo 28, Marcos 16, Lucas 24, Juan 20

LOS AMIGOS DE JESÚS estaban tristes. Nunca más volverían a ver a su mejor amigo. ¿Cómo pudo suceder esto? ¿No era Jesús el Rescatador? ¿El Rey que Dios había prometido? Las cosas no debían terminar así.

Sí, pero, ¿quién dijo que era el fin? Poco antes del amanecer, al tercer día, Dios mandó un terremoto, y un ángel del cielo. Cuando los guardias vieron al ángel, cayeron como muertos por el susto. El ángel hizo rodar la gigantesca piedra, se sentó encima de ella, y esperó.

Con la primera luz del amanecer María Magdalena y las otras mujeres se fueron a la tumba para lavar el cuerpo de Jesús. El sol del amanecer se abría paso por entre los antiguos olivos, y las gotas de rocío relucían sobre las hojas y la hierba; como lágrimas por todas partes. Las amigas andaban en silencio por el obstaculizado sendero, por los olivares, hasta que llegaron a la tumba. De inmediato notaron algo extraño: estaba abierta de par en par.

Se asomaron por la apertura para ver dentro de la tumba oscura. Pero, espera. ¡El cuerpo de Jesús había desaparecido!

God's wonderful surprise

The Resurrection, from Matthew 28, Mark 16, Luke 24, John 20

JESUS' FRIENDS WERE SAD. They would never see their best friend again. How could this happen? Wasn't Jesus the Rescuer? The King God had promised? It wasn't supposed to end like this.

Yes, but whoever said anything about the end?

Just before sunrise, on the third day, God sent an earthquake — and an angel from heaven. When the guards saw the angel, they fell down with fright.

The angel rolled the huge stone away, sat on top of it, and waited.

At the first glimmer of dawn, Mary Magdalene and other women headed to the tomb to wash Jesus' body. The early morning sun slanted through the ancient olive trees, drops of dew glittering on leaves and grasses — little tears everywhere. The friends walked quietly along the hilly path, through the olive groves, until they reached the tomb. And immediately noticed something odd — it was wide open.

They peered through the opening into the dark tomb. But wait. Jesus' body was gone!

Y algo más: un hombre brillante estaba allí, con la ropa hecha de luz.

—No se asusten —les dijo el ángel.

Pero (sin poder evitarlo) de todas maneras ellas gritaron.

El ángel les preguntó: —¿Qué hacen aquí? Esta es una tumba, y las tumbas son para los muertos.

Las mujeres no pudieron decir nada.

—¡Jesús ya no está muerto! —dijo él—. ¡Él está vivo de nuevo!

Los corazones de las mujeres dieron un brinco. El ángel se rió con tanta alegría que ellas sintieron por un momento, como si hubieran despertado de una pesadilla.

And something else: a shining man was there, with clothes made from lightning.

"Don't be scared," the angel said.

But (they couldn't help it) they screamed anyway.

The angel asked them, "What are you doing here? This is a tomb and tombs are for dead people."

The women couldn't speak.

"Jesus isn't dead anymore!" he said. "He's alive again!"

And their hearts leapt. And then the angel laughed with such gladness that they felt, for a moment, as if they had woken from a nightmare.

Las otras mujeres regresaron, pero María se quedó. ¿Cómo podía eso ser cierto? Jesús estaba definitivamente muerto; ¿cómo podía estar vivo? Entonces María oyó que alguien más estaba en el jardín. *Tal vez sea el jardinero*, pensó. *Él debe saber dónde está el cuerpo de Jesús.*

—¡No sé dónde está Jesús! —dijo María con urgencia—, no puedo hallarlo.

Pero todo estaba bien. Jesús sabía dónde estaba ella; y la había hallado.

—¡María!

Solo una persona decía su nombre de esa manera. Ella pudo oír que su corazón se aceleraba. Se dio vuelta. Apenas pudo distinguir una figura. Se hizo sombra a los ojos para ver . . . y pensó que estaba soñando.

Pero no era sueño. Ella estaba viendo.

—¡Jesús!

María se postró hasta el suelo. Lágrimas repentinas le llenaron los ojos, y grandes gemidos hicieron temblar todo su cuerpo, y todo lo que ella quiso en ese momento fue aferrarse a Jesús y no dejarle ir nunca más.

—Más tarde podrás aferrarte a mí, María —dijo Jesús con gentileza—, y siempre estar cerca de mí. Pero ahora, ¡ve y dile a los otros que yo estoy vivo!

The other women rushed home, but Mary stayed behind. How could it be true? Jesus was definitely dead — how could he be alive? Just then Mary heard someone else in the garden. *Perhaps it's the gardener,* she thought. *He'll know where Jesus' body is.*

"I don't know where Jesus is!" Mary said urgently.
"I can't find him."

But it was all right. Jesus knew where she was. And he had found her.

"Mary!"

Only one person said her name like that. She could hear her heart thumping. She turned around. She could just make out a figure. She shaded her eyes to see …
and thought she was dreaming.

But she wasn't dreaming. She was seeing.

"Jesus!"

Mary fell to the ground. Sudden tears filled her eyes and great sobs shook her whole body, and all she wanted
in that moment was to cling to Jesus and never let him go.

"You'll be able to hold on to me later, Mary," Jesus said gently, "and always be close to me. But now, go and tell the others that I'm alive!"

María corrió y corrió, hasta la ciudad. Nunca había corrido tan rápido ni tanta distancia en toda su vida. Sentía que podía haber corrido para siempre. Pensaba que sus pies ni siquiera tocaban el suelo. El sol parecía danzar, y relucir, y rebotar por el cielo, corriendo con ella, y brillando más brillante de lo que ella jamás podía recordar, en el aire fresco y claro.

Le pareció esa mañana, mientras co-rría, como si todo el mundo hubiera sido hecho nuevo, casi como si todo el mundo estuviera cantando de alegría: los árboles, los ruiditos en la hierba, los pájaros . . . su corazón.

Mary ran and ran, all the way to the city. She had never run so fast or so far in all her life. She felt she could have run forever. She didn't even feel like her feet touched the ground. The sun seemed to be dancing and gleaming and bounding across the sky, racing with her and shining brighter than she could ever remember in the clear, fresh air.

And it seemed to her that morning, as she ran, almost as if the whole world had been made anew, almost as if the whole world was singing for joy — the trees,
tiny sounds in the grass, the birds … her heart.

¿Estaba Dios en realidad haciendo que todo lo triste ya no lo sea? ¿Estaba haciendo que incluso la muerte se deshaga?

Ella no podía esperar para decirles a los amigos de Jesús. «¡No lo van a creer!» dijo riéndose.

Ella tenía razón, por supuesto.

Was God really making everything sad come untrue? Was he making even death come untrue?

She couldn't wait to tell Jesus' friends. "They won't believe it!" she laughed.

She was right, of course.

La vuelta a casa

La ascensión, de Mateo 28, Marcos 16, Lucas 24, Juan 14

LOS AMIGOS DE JESÚS ESTABAN ASUS-TADOS. Así que se escondieron en un salón en un segundo piso, con la puerta cerrada con candado.

Pero eso no detuvo a Jesús. Él simplemente entró a través de la pared.

—¡Es un fantasma! —grito Tomás, y se escondió debajo de la mesa.

Pero no era un fantasma.

—Tengo hambre —dijo Jesús—. ¿Qué hay para almorzar?

Pedro les dio un pescado. Todos retrocedieron y lo observaron mientras él comía. , se decían así mismos.

Pero lo era; justo ante sus ojos.

Going home

The Ascension, from Matthew 28, Mark 16, Luke 24, John 14

JESUS' FRIENDS WERE AFRAID. So they were hiding in an upstairs room with the door bolted shut.

But that didn't stop Jesus. He just walked straight through the wall.

"It's a ghost!" Thomas screamed and hid under the table.

But it wasn't a ghost.

"I'm hungry," Jesus said. "What's for lunch?"

Peter gave him a fish. They all hung back and watched him eat it. *This can't be,* they were telling themselves. *It's impossible. It's not happening.*

But it was — right in front of them.

—¡Delicioso! —Jesús se limpió la boca con el revés de la mano, y sonrió—. ¿Puede un fantasma hacer eso? —Les hizo un guiño. Entonces todos se rieron.

—¡En realidad estoy aquí! —dijo Jesús.

Y en realidad lo estaba.

El corazón de Pedro saltó de alegría y él se lanzó a los brazos de Jesús, abrazándolo y besándolo. Los demás le siguieron. Sentían que sus corazones iban a reventar de felicidad.

Los amigos comieron juntos y conversaron alegremente. De cuando en cuando volvían a mirar a Jesús, y tenían que tocarlo para cerciorarse de que no estaban soñando.

Jesús tenía un cuerpo real, pero este cuerpo era mejor. Había pasado por la muerte y ya no podía enfermarse, ni ser destruido. Este cuerpo viviría para siempre. Jesús había vuelto con un cuerpo completamente nuevo.

No solo que las cosas tristes estaban dejando de serlo, se dieron cuenta los amigos, sino que ellos mismos estaban llegando a ser nuevos. ¿Era Dios que estaba haciéndolo todo nuevo?

Jesús dijo: «Yo soy el Salvador y Rescatador del mundo». Y ellos supieron, debido a que él no pudo quedarse muerto, porque Jesús había vuelto a la vida, que de alguna manera todo saldría bien.

"Delicious!" Jesus wiped his mouth with the back of his hand and grinned. "Can a ghost do that?" He winked. And then they all laughed.

"I'm really here!" Jesus said.

And he really was.

Peter's heart leaped with joy and he fell into Jesus' arms, hugging and kissing him. The others followed. They felt their hearts would burst from the happiness.

The friends ate together and chatted happily. And every now and then, they'd just gaze at Jesus, and have to touch him to be sure they weren't dreaming.

Jesus had a real body but this body was better. It had come through death and couldn't get sick or be killed again. This body would live forever. Jesus had come back with a brand new body.

Not only were sad things coming untrue, the friends realized, they were becoming new again. Was God going to make everything new?

Jesus said, "I am the Savior and the Rescuer of the world." And they knew, because he couldn't stay dead, because Jesus had come alive again, that somehow everything would be all right.

Unos pocos días más tarde, mientras caminaban juntos, Jesús les dijo a sus amigos:

—Es tiempo de que yo vaya a casa, a mi Padre.

Todos se miraron preocupados. Entonces recordaron lo que Jesús les había dicho antes de morir. «Hay un lugar para ustedes. Voy a prepararlo», había dicho Jesús. «Ustedes saben el camino».

Tomás se había llenado de pánico. «¡Yo no sé el camino para llegar allá!».

«Sí, lo sabes», había dicho Jesús. «Yo soy el camino, y la verdad, y la vida».

Cuando llegaron finalmente a la cumbre del monte más alto cerca de Jerusalén, Jesús se volvió a ellos y les dijo: «¡Vayan por todas partes y cuenten a todos las alegres noticias!».

A few days later, as they walked together, Jesus told his friends, "It's time for me to go home to my Father."

They all looked worried. And then they remembered what Jesus had told them before he died. "There's a place for you. I'll get it ready," Jesus had said. "You know the way."

Thomas had panicked. "I don't know the way to get there!"

"Yes, you do," Jesus had said. "I am the Way and the Truth and the Life."

When at last they reached the top of the highest hill near Jerusalem, Jesus turned to them and said, "Go everywhere and tell everyone the happy news!"

»Díganles que yo los amo tanto que morí por ellos. Es la verdad que vence a la terrible mentira. Dios ama a sus hijos. Sí, ¡en realidad él los ama!».

De repente todo el cielo se llenó de una luz cegadora.

«Ahora todos pueden ir a casa, a Dios», dijo Jesús. «La muerte ya no es el fin para ustedes. Ustedes pueden vivir para siempre con su Padre celestial, ¡porque yo he rescatado a todo el mundo!».

"Tell them I love them so much that I died for them. It's the Truth that overcomes the terrible lie. God loves his children. Yes, he really does!"

Suddenly the whole sky was filled with a dazzling light.

"Now everyone can come home to God," Jesus said. "Death is not the end of you. You can live forever with your Father in heaven because I have rescued the whole world!"

Y sucedió algo asombroso: Jesús se elevó por el aire brillante, cada vez más alto, y más alto. Ellos hicieron sombra sobre sus ojos, y le vieron irse, hasta que una nube ocultó a Jesús y ellos no le vieron más. Se quedaron mirando al cielo de esa manera por largo tiempo.

De repente dos hombres brillantes aparecieron. «¿Qué están haciendo?» preguntaron. «Jesús ha ido al cielo; pero un día va a volver; de la misma manera que le vieron irse, del cielo, y del firmamento».

Los amigos de Jesús volvieron a Jerusalén con una alegría extraña en su corazón. Algo que Jesús había dicho se les quedó en la mente: «Aunque ya no van a poder verme más, nunca voy a dejarlos. ¡No! ¡Jamás! Voy a estar con ustedes, ¡sí! ¡Siempre y para siempre!».

¿Cómo puede Jesús estar con nosotros y dejarnos al mismo tiempo?» se preguntaban ellos.

Ellos no entendían.

No, pero pronto lo entenderían.

And something amazing happened: Jesus rose up into the bright air, higher and higher. They shaded their eyes and watched him go, until a cloud hid Jesus so they couldn't see him anymore. They stood looking up into the sky like that for a long time.

Suddenly two shining men appeared. "What are you doing?" they asked. "Jesus has gone up to heaven. But one day he will come back. In the same way you saw him leave. From heaven. And from the sky."

Jesus' friends went back to Jerusalem with a strange gladness inside their hearts. And something Jesus said that stuck in their minds: "Even though you won't be able to see me anymore, I will never leave you. No! Not ever! I will be with you. Yes! Always and forever!"

"How can Jesus be with us and leave us at the same time?" they wondered.

They didn't understand.

No, but soon they would.

Dios envía ayuda

Pentecostés, de Hechos 1—5; Juan 15

LOS AMIGOS Y AYUDANTES DE JESÚS se agolparon en un salón en un segundo piso. Aunque afuera el sol brillaba, tenían cerradas las ventanas. La puerta estaba cerrada con llave.

«Esperen en Jerusalén», les había dicho Jesús. «Voy a enviarles un regalo especial. El poder de Dios va a venir sobre ustedes. El Espíritu Santo de Dios vendrá».

Así que allí estaban. Esperando. En realidad, más bien estaban simplemente asustados y escondiéndose. (No se les puede echar la culpa; su mejor amigo se había ido; los dirigentes y la gente importante estaban buscándolos, y Jesús les había dado una tarea que no sabían cómo hacer).

Mientras esperaban, estaban orando y recordando; recordando cómo, desde el principio, Dios había estado realizando su plan secreto de rescate.

God sends help

Pentecost, from Acts 1 – 5; John 15

JESUS' FRIENDS AND HELPERS huddled together in a stuffy upstairs room. Even though it was sunny outside, the shutters were closed. The door was locked.

"Wait in Jerusalem," Jesus had told them, "I am going to send you a special present. God's power is going to come into you. God's Holy Spirit is coming."

So here they were. Waiting. Actually, mostly what they were doing was just being scared and hiding. (You can't blame them – their best friend had left; the Important People and Leaders were after them; and Jesus had given them a job they didn't know how to do.)

As they waited, they were praying and remembering — remembering how, from the beginning, God had been working out his Secret Rescue Plan.

De repente un viento fuerte llenó el salón, silbando por las paredes, levantando la paja del piso. Y allí, sobre la cabeza de cada uno, brillando y reluciendo, había una llama. Era fuego que ni quemaba ni hacía daño.

Y algo más: por dentro, en sus corazones, sintieron un calor extraño, casi como si el hielo y la dureza se derritieran. Como si sus corazones rotos se estuvieran remendando. Como si Dios estuviera dándoles un nuevo corazón: corazones que funcionarían como es debido.

Cómo sucedió eso, no lo sabían, pero supieron que el poder de Dios había encendido sus corazones; y que Jesús mismo estaba viniendo a vivir dentro de ellos.

Habían visto a Jesús irse, pero ahora él estaba más cerca de lo que jamás había estado; dentro de sus corazones. Esta vez nada podría separarlos jamás. Jesús siempre estaría allí; con ellos, queriéndolos. Susurrándoles la promesa que sacaría de sus corazones el veneno, y la terrible mentira, y la enfermedad. La maravillosa promesa de Dios a ellos: «Ustedes son mis hijos, y yo los quiero».

«Haz tu hogar en mí, y yo haré mi casa en ti», Jesús había dicho.

¿Podría hacerlo? El cielo venía a sus corazones.

Suddenly, a strong wind filled the little room, whistling through the walls, rustling the straw on the floor. And there — on everyone's heads, shining in the gloom — were flickering flames. Fire that didn't hurt or burn.

And something more: inside, in their hearts, they felt a strange heat, almost as if all the coldness and hardness were melting away. As if their broken hearts were mending. And God was giving them brand new hearts — hearts that could work properly.

How it happened they didn't know, but they knew God's power had struck their hearts ablaze — and Jesus himself was coming to live inside them.

They had seen Jesus go away, but now he was closer than he had ever been — inside their hearts. And this time nothing could ever separate them. Jesus would always be there. With them. Loving them. Whispering the promise that would get rid of the poison and the terrible lie and the sickness in their hearts. God's wonderful promise to them: "You are my child. And I love you."

"Make your home in me, as I make my home in you," Jesus had said.

Could it be? Heaven was coming into their hearts.

Abrieron las ventanas de par en par. La luz del sol inundó el salón, y el amor inundó sus corazones. El salón se llenó de ruidos de alegría, pies que danzaban, cantos y risa.

Abrieron la puerta y salieron a la calle; como si nunca hubieran tenido miedo.

Pedro habló en voz alta, para que todos oyeron: «¡Jesús murió por ustedes!» dijo, «porque él los ama. Pero Dios le hizo vivir de nuevo. ¡Él los ha rescatado!».

Las personas se detuvieron, y prestaron atención. Las palabras penetraron hondo en sus corazones, y funcionó como medicina que lo sana a uno; como el antídoto de un veneno mortal. Como un beso que lo despierta a uno de un profundo sueño.

«¡Dejen de alejarse de Dios!» dijo Pedro. «Más bien, ¡corran a él! ¡Así él puede amarlos, y hacerlos libres!».

Y Pedro les contó la maravillosa del amor de Dios; el amor de Dios que nunca se acaba, que nunca se da por vencido, que nunca se rompe, que es de siempre y para siempre. Como Jesús había venido. Todo eso había sucedido.

They threw open the shutters. Sunlight flooded their room, as love had flooded their hearts. And the little room was filled with happy noises. Dancing feet, singing, laughing.

They unlocked the door and surged out into the streets — as if they had never been afraid.

Peter spoke in a loud voice, so everyone could hear: "Jesus died for you!" he said. "Because he loves you. But God made him alive again. He has rescued you!"

People stopped. And listened. The words sank down deep into their hearts and worked like a medicine that makes you well. Like the antidote to a deadly poison. Like a kiss that wakes you from a deep sleep.

"Stop running away from God!" Peter said. "Run to him instead! So he can love you. make you free!"

And Peter told them the wonderful Story of God's Love — God's Never Stopping, Never Giving Up, Unbreaking, Always and Forever Love. How Jesus had come. All that had happened.

En Jerusalén había muchas personas de países distantes. No hablaban el mismo idioma, pero al oír a Pedro, todos pudieron entender lo que estaba diciendo; ¡en su propio idioma!

Muchos creyeron; y llegaron a ser los nuevos amigos y ayudantes de Jesús. Y las noticias maravillosas de Jesús se esparcieron; como chispas de un fuego; a las ciudades, pueblos y aldeas.

Todos los días más y más personas creían.

Y así fue que la familia de los hijos de Dios, su pueblo especial, creció.

Un hombre estaba observando. «¡Yo voy a detener esto!» dijo Saulo.

Pero este era el plan de Dios; y nada en el mundo jamás podría detenerlo.

There were lots of people from faraway countries in Jerusalem. They couldn't speak the same language but as they listened to Peter, everyone could understand what he was saying — in their own languages!

Many people believed. And became Jesus' new friends and helpers. And the wonderful news of Jesus spread. Like sparks from a fire. To villages. Towns. Cities.

Every day, more and more people believed.

And so it was that the family of God's children, his special people, grew.

One man was watching. "I'll stop this!" Saul said

But this was God's Plan. And nothing in all the world would ever be able to stop it.

Una nueva manera de ver

La historia de Pablo, de Hechos 6—9; 12—28;
Colosenses 2, Romanos 8, Efesios 2

DE TODAS LAS PERSONAS que guardaban las reglas, Saulo era el mejor.

«¡Soy bueno para ser bueno!» diría él. Era muy orgulloso; y muy buena persona; pero no muy amable.

Saulo detestaba a todos los que amaban a Jesús. Viajaba por todas partes buscándolos. Quería atraparlos y ponerlos presos. Quería que todos se olvidaran todo de Jesús. No creía que Jesús era el Rescatador; y tampoco creía que Jesús estaba vivo. Como ves, Saulo nunca había encontrado a Jesús.

Así que un día, Jesús le salió al encuentro a Saulo.

A new way to see

The story of Paul, from Acts 6 – 9, 12 – 28;
Colossians 2, Romans 8, Ephesians 2

OF ALL THE PEOPLE who kept the rules, Saul was the best.

"I'm good at being good!" he'd tell you.

He was very proud. And very good. But he wasn't very nice.

Saul hated anyone who loved Jesus. He traveled around looking for them. He wanted to catch them and put them in prison. He wanted everyone to forget all about Jesus. He didn't believe Jesus was the Rescuer. And he didn't believe Jesus was alive, either.

You see, Saul had never met Jesus.

So one day, Jesus met Saul.

SAUL

SAULO

Saulo iba de viaje a Damasco, cuando de repente una luz deslumbrante brilló como rayo. Era más brillante que el sol. Era demasiado brillante. Saulo se tapó los ojos y cayó al suelo.

Oyó una voz fuerte. Era demasiado fuerte. Le dio a Saulo un gran dolor de cabeza.

—¡Saulo! ¡Saulo! —dijo la fuerte voz—. ¿Por qué peleas contra mí?

—¿Señor? —contestó Saulo—, ¿quién eres?

—Yo soy Jesús —dijo la voz—. Cuando les haces daño a mis amigos, me haces daño a mí también.

Saulo temblaba de pies a cabeza.

—Entra a la ciudad —le dijo Jesús—. Te diré lo que debes hacer.

Saul was on his way to Damascus when suddenly a dazzling light flashed like lightning. It was brighter than the sun. It was too bright. Saul shielded his eyes and fell to the ground.

He heard a loud voice. It was too loud. It gave Saul a headache.

"Saul! Saul!" said the loud voice. "Why are you fighting me?"

"Lord?" Saul answered, "Who are you?"

"I am Jesus," said the voice. "When you hurt my friends, you are hurting me, too." Saul's whole body trembled.

"Go to the city," Jesus said. "I'll tell you what to do."

Cuando Saulo abrió sus ojos, no podía ver. Sus ayudantes le llevaron de la mano como si fuera un niño pequeño. Saulo estuvo ciego por tres días enteros; y sin embargo fue como si estuviera viendo por primera vez.

Mientras tanto, había un hombre llamado Ananías que amaba a Jesús. Jesús se le apareció en un sueño: —Ve a ver a Saulo, y ora por él, y voy a hacer que él vea de nuevo.

Ananías sabía todo en cuanto a Saulo y de cómo odiaba a los seguidores de Jesús.

—Señor, ¡él ha venido para hacernos daño!

Pero Jesús le dijo a Ananías: —Saulo es el que yo he escogido para que le diga a todo el mundo quién soy yo.

Así que Ananías fue a ver a Saulo. —Hermano Saulo —dijo Ananías—, fue Jesús quien te salió al encuentro en el camino.

Ananías oró por Saulo.

Y de repente Saulo pudo ver de nuevo, pero lo vio todo de forma diferente. Ya no era cruel. Incluso cambió su nombre de Saulo a Pablo, que quiere decir «pequeño» y «humilde», exactamente lo opuesto de orgulloso.

Y, ¿sabes lo que quiere decir el nombre Ananías? «El señor está lleno de gracia». (Gracia es otra palabra para dádiva; lo que es divertido, porque eso sería exactamente el mensaje de Pablo de allí en adelante).

When Saul opened his eyes, he couldn't see. His helpers had to hold his hand and lead him like a little child. Saul was blind for three whole days — and yet it was as if he was seeing for the very first time.

Meanwhile, there was a man called Ananias who loved Jesus. Jesus came to him in a dream: "Go to Saul and pray for him, and I will make him see again."

Ananias knew all about Saul and how he hated Jesus' followers. "Lord, he has come to hurt us!"

But Jesus told Ananias, "Saul is the one I've chosen to tell the whole world who I am."

So Ananias went to Saul. "Brother Saul," Ananias said, "it was Jesus you met on the road." And Ananias prayed for Saul.

Suddenly Saul could see again, but he saw everything differently. He wasn't mean anymore. He even changed his name from Saul to Paul, which means "small" and "humble" — the very opposite of proud.

And do you know what Ananias' name means? "The Lord is full of Grace." (Grace is just another word for gift — which is funny, because that's just what Paul's message was all about from then on.)

PABLO

«¡No es cuestión de guardar reglas»!» les decía Pablo a las personas. «No tienen que ser tan buenos para que Dios los quiera. Simplemente tienen que creer lo que Jesús ha hecho y seguirle. Porque no es cuestión de hacer esfuerzos, sino cuestión de confiar. No es cuestión de reglas, sino cuestión de gracia: el regalo de Dios, y eso le costó a él todo.

¿Qué le había sucedido a Pablo? Había encontrado a Jesús. Pablo tenía una nueva tarea. Se llamaba así mismo siervo y viajó por todas partes contándoles a todos a cerca de Jesús. Su barco naufragó; ¡tres veces! Incluso acabó en la cárcel.

«¡Dios los ama!» escribió desde la cárcel. «Nada, jamás, nunca, jamás, puede separarnos del amor de Dios que nunca se acaba, que nunca se da por vencido, que nunca se rompe, que es de siempre y para siempre, que él nos mostró en Jesús!».

Y así fue, tal como Dios le había prometido a Abraham esa noche oscura muchos años antes, que la familia de los hijos de Dios creció, y creció.

Hasta que un día llegarían a ser más numerosos que las estrellas del cielo.

"It's not about keeping rules!" Paul told people. "You don't have to be good at being good for God to love you. You just have to believe what Jesus has done and follow him. Because it's not about trying, it's about trusting. It's not about rules, it's about Grace: God's free gift — that cost him everything."

What had happened to Paul? He met Jesus.

Paul got a new job. He called himself a servant and traveled everywhere telling everyone about Jesus. He got shipwrecked — three times! He even ended up in prison.

"God loves us!" he wrote from prison. "Nothing can ever — no, not ever! — separate us from the Never Stopping, Never Giving Up, Unbreaking, Always and Forever Love of God he showed us in Jesus!"

And so it was, just as God promised Abraham that dark night all those years before, the family of God's children grew and grew.

Until one day, they would come to number more than even all the stars in the sky.

Un sueño del cielo

Juan ve el futuro, de Apocalipsis 1, 5, 21, 22

JUAN ERA UNO de los ayudantes de Jesús. Ya era viejo y vivía en una isla, lo que sonaría muy bonito, excepto que estaba preso. (Los dirigentes lo pusieron allí para impedirle hablar de Jesús, pero estoy seguro que no piensas que algo pequeño como estar en una celda, en una cárcel, o en una isla, en medio del océano, puede detener el plan de Dios, ¿verdad?).

Una mañana Jesús se le apareció; allí mismo, en la celda de Juan. Los ojos de Jesús eran brillantes, relucientes como el sol. «Te voy a mostrar un secreto, Juan», le dijo Jesús, «respecto a mi regreso». Su voz era como el sonido de aguas que corrían. «Escribe lo que ves, de modo que los hijos de Dios puedan leerlo, y esperar con alegre entusiasmo». Entonces Jesús le dio a Juan un hermoso sueño; excepto que Juan estaba despierto por completo y lo que vio era real, y un día todo será realidad. . . .

A dream of heaven

John sees into the future, from Revelation 1, 5, 21, 22

JOHN WAS ONE OF Jesus' helpers. He was old now and living on an island, which might sound nice except it was a prison. (The Leaders put him there to stop him from talking about Jesus, but I'm sure you don't think a little thing like being in a cell, in a prison, on an island, in the middle of an ocean, could stop God's Plan, do you?)

One morning, Jesus appeared — right there, in John's cell. Jesus' eyes were bright, shining like the sun. "I am going to show you a secret, John," Jesus said, "about when I come back." His voice was like the sound of rushing waters. "Write down what you see so God's children can read it, and wait with happy excitement."

Then Jesus gave John a beautiful dream — except John was wide awake and what he saw was real and one day it would all come true . . .

Veo un trono. Y en el trono está un Rey. Y el rey es Jesús. Y todos alrededor del trono se arrodillaron. Le entregaban sus tesoros.

Hay aclamaciones fuertes y aplausos, aplausos y risas brillantes como mil cataratas, y todos entonan un nuevo canto . . .

I see a throne. And on the throne is a king. And the King is Jesus. All around the throne people are bowing down. They are giving him their treasures.

There are loud cheers and clapping, clapping and bright laughter like a thousand waterfalls and everyone bursts out singing a new song...

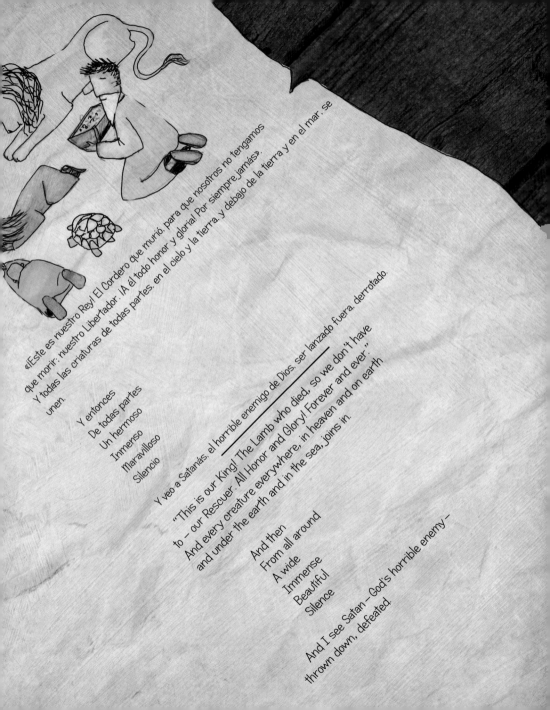

«¡Este es nuestro Rey! El Cordero que murió, para que nosotros no tengamos que morir: nuestro Libertador. ¡A él todo honor y gloria! Por siempre, jamás». Y todas las criaturas de todas partes, en el cielo y la tierra, y debajo de la tierra, y en el mar, se unen.

Y entonces
De todas partes
Un hermoso
Inmenso
Maravilloso
Silencio

Y veo a Satanás, el horrible enemigo de Dios, ser lanzado fuera, derrotado.

"This is our King! The Lamb who died, so we don't have to – our Rescuer. All Honor and Glory! Forever and ever." And every creature everywhere, in heaven and on earth and under the earth and in the sea, joins in.

And then
From all around
A wide
Immense
Beautiful
Silence

And I see Satan – God's horrible enemy – thrown down, defeated.

Y veo una ciudad reluciente, brillando en el cielo,
centelleando. ¡Bajando! Del cielo.
¡El cielo bajando a la tierra!
La ciudad de Dios es hermosa.
Paredes de topacio, jaspe, zafiro. Calles anchas pavimentadas de oro.
Puertas de perlas relucientes que nunca se cierran.
¿Dónde está el sol? ¿Dónde está la luna?
Ya no son necesarias. Dios es toda la luz que las personas necesitan.
¡No más oscuridad! ¡No más noche!

I see a sparkling city shimmering in the sky:
glittering, glowing – coming down!
From heaven.
And from the sky,
Heaven is coming down to earth!
God's city is beautiful. Walls of topaz, jasper, sapphire. Wide streets
paved with gold. Gleaming pearl gates that are never locked shut.
Where is the sun? Where is the moon?
They aren't needed anymore. God is all the
Light people need. No more darkness!
No more night!

And the King says, "Look! God and his children are together again. No more running away. Or hiding. No more crying or being lonely or afraid. No more being sick or dying, Because all those things are gone. Yes, they're gone forever. Everything sad has come untrue. And see—I have wiped away every tear from every eye!" And then a deep, beautiful voice that sounded like thunder in the sky says, "Look, I am making every-thing new!"

Y el rey dice: «¡Miren! Dios y sus hijos están juntos de nuevo. No más esconderse. No más llanto, ni soledad, o miedo. No más enfermedades ni muerte. Porque todas esas cosas han desaparecido. Sí, han desaparecido para siempre. Todo lo triste ya no lo es. Y vean ¡yo he limpiado toda lágrima de todo ojo!». Y entonces una voz profunda, hermosa, que sonaba como trueno, en el cielo dice: «¡Miren, yo hago nuevas todas las cosas!».

Fue difícil poner en palabras todo lo que Juan vio; y hacerlo entrar en una página; y ponerlo en un libro. Todas las palabras, de todas las páginas, de todos los libros, de todo el mundo, jamás serían suficientes.

«¡Yo soy el principio», dijo Jesús, «y el fin!».

Un día, Juan sabía, el cielo vendría y Dios redimir al mundo perdido, y lo haría nuestro hogar verdadero, perfecto, de nuevo.

Y sabía, de una manera misteriosa que sería difícil explicar, que todo iba a ser más maravilloso en donde en un tiempo todo había sido tan triste.

Y sabía que el fin del cuento iba a ser tan grande, que haría que toda la tristeza, y las lágrimas, y todo pareciera como una sombra que se aleja al sol de la mañana.

«Ya estoy de camino», dijo Jesús. «¡estaré allí pronto!».

Juan llegó al fin de su libro; pero no escribió «El fin». Porque, por supuesto, así es como terminan las historias. (Y esta todavía no se ha acabado). Así que, más bien, él escribió: «¡Ven pronto, Jesús!».

Y eso, tal vez, es simplemente otra manera de decir . . .

It was hard to squeeze all John saw into words. And fit it onto a page. And cram it into a book. All the words on all the pages of all the books in all the world would never be enough.

"I am the Beginning," Jesus said, "and the Ending!"

One day, John knew, Heaven would come down and mend God's broken world and make it our true, perfect home once again.

And he knew, in some mysterious way that would be hard to explain, that everything was going to be more wonderful for once having been so sad.

And he knew then that the ending of The Story was going to be so great, it would make all the sadness and tears and everything seem like just a shadow that is chased away by the morning sun.

"I'm on my way," said Jesus. "I'll be there soon!"

John came to the end of his book. But he didn't write "The End." Because, of course, that's how stories finish. (And this one's not over yet.)

So instead, he wrote: "Come quickly, Jesus!"

Which, perhaps, is really just another way of saying . . .

Continuará...

To be
continued..

Paráfrasis de Juan 1:12-13

A todo el que le dice que sí a Jesús,
a todo el que cree lo que Jesús dijo,
a todo el que simplemente
extiende la mano para recibirlo,
entonces Dios le dará esta
maravillosa dádiva:
Nacer
a una vida totalmente nueva,
ser la persona que realmente es;
la persona que Dios siempre
propuso que sea;
que sea su verdadera persona;
un hijo amado de Dios

Porque, como ves, lo más
maravilloso de esta historia es:
¡que es también tu historia!

Paraphrase of John 1:12 – 13

For anyone who says yes to Jesus
For anyone who believes what
Jesus said
For anyone who will just reach out
to take it
Then God will give them this won-
derful gift:

To be born into
A whole new Life
To be who they really are
Who God always made them to
be —
Their own true selves —
God's dear
Child.

Because, you see, the most
wonderful thing about this
Story is — it's your story, too!